Claudia Dabringer

Foll Vünfzig

und noch immer fehlerfrei

TWENTYSIX

TWENTYSIX – Der Self-Publishing-Verlag
Eine Kooperation zwischen der Verlagsgruppe Random House und BoD – Books on Demand
© 2017 Dabringer, Claudia
Herstellung und Verlag:
BoD – Books on Demand, Norderstedt.
ISBN: 9783740751067

FÜR

alle Frauen, die das Gefühl haben, dass sie noch immer nicht genug aufgebrochen sind und Wind unter ihren Flügeln brauchen.

Und für alle Männer, die Frauen dabei unterstützen wollen

Inhaltsverzeichnis

Vorwort...5
Seenager in vier Schritten...6
Die Stärke und Schwäche in uns...10
Schreibt, Leute, schreibt!...15
Hurra, ich stehe alleine!...20
Schönwetterperiode...25
Mein Ding, sein Ding...30
Lieben heißt Lassen...36
Urlaubsentspannung? Dass ich nicht lache!...41
Werdet wie die Kinder!...48
Intuitiv interpretieren...54
Lächeln macht schön...60
Lernt von den Katzen, Empathen!...64
Carpe Diem...70
Das Schlechte am Gewissen...75
Status – In einer Beziehung...80
In der Einschicht...84
Im Team mit Franziskus...89
Die Schleier sind gefallen...93
Zu viel für diese Welt...99

VORWORT

Seit mehr als zwei Jahren schreibe ich Woche für Woche über mein Leben, die damit zusammenhängenden Gedanken und Erkenntnisse. Sie entspringen dem Verständnis, dass es möglich ist, sich „in unserem Alter" NICHT zufrieden zu geben. Damit, was die Gesellschaft für 50plus-Frauen vorsieht. Damit, was wir selbst für uns vorsehen. Denn oft schränken wir uns selbst so weit ein, dass wir vor der Frau im Spiegel unser Gesicht abwenden. Zu viele Zugeständnisse, zu viele Verzichte, zu viele Rückzieher um des lieben Frieden willens führen häufig dazu, den Kontakt zu uns selbst zu verlieren. Natürlich kommt das auch in jüngeren Jahren schon vor, doch je länger das Leben dauert, umso wichtiger ist es, diesen Kontakt wieder herzustellen. Uns nicht nur aushalten können, sondern unser Frausein und unsere Weisheit feiern – das sollten wir tun. Und dazu möchte ich Woche für Woche in meinem Blog FREITAG auf www.ursachewirkung.at ermutigen. Auf dass wir in den Spiegel schauen und uns anlächeln können!

Seenager in vier Schritten

Seit gestern weiß ich, dass die spätpubertäre Version einen Teenagers der Seenager ist. Das ist die Kurzform von Senior Teenager. Dazu fällt mir als erstes das biblische „Wenn Ihr nicht werdet wie die Kinder..." ein. Die Charakteristika allerdings entspringen einer Denke, die meiner diametral entgegen läuft.

Punkt 1: alles zu haben, was man braucht, nur 60 Jahre zu spät. Gut, jetzt kann ich natürlich nicht sagen, wie ich mich in - sagen wir mal - 20 Jahren fühlen werde. Doch vom jetzigen Standpunkt aus kann ich behaupten, dass die Genussfähigkeit alterslos ist. Natürlich wäre ich gerne vor meinem 18. Lebensjahr laut singend über die Autobahn gebrettert. Doch jetzt macht das genauso viel Spaß, wenn nicht mehr. Vor allem, wenn sich beifahrende junge Menschen vor peinlicher Berührtheit auf den sonstigen Plätzen krümmen. Im Grunde ist es jetzt sogar noch besser, weil man in einem, vor Rhythmus wackelnden Auto an der

Ampel nur mit viel Phantasie eine graumelierte Mähne beim Headbangen vermutet. Die Blicke – priceless!

Punkt 2: nicht mehr in die Schule gehen und/oder arbeiten müssen. Mein Großvater hat bis ins hohe Alter verschiedene Funktionen bekleidet, die durchaus Ähnlichkeit mit Arbeit hatten. Er war stets darauf bedacht, Neues zu erfahren und das durch Diskussionen zu festigen. Das machte ihn bis in seine 80er Jahre zu einem beliebten Ansprechpartner, der mit allen Generationen „konnte". Und in Zeiten von Lebenslangem Lernen ist das Ende der Schulzeit ja nicht gleichzusetzen mit dem Ende des Wissensgewinns. Was mich angeht, werde ich wahrscheinlich mit dem Stift in der Hand meine Seele aushauchen, denn warum soll man lassen, was einem Freude bereitet, nur weil das Gesetz ein Arbeitsende festsetzt? Ich könnte mich jetzt wieder in mein Lieblingsärgerthema hinein steigern und Berge über die öffentliche Einschränkung von Eigenverantwortlichkeit bauen, doch das ist ein anderes Thema. Außerdem sollte man in Rage keine Texte verfassen – alte Schreiberregel!

Punkt 3: mit Leuten rumhängen, die keine Angst haben, schwanger zu sein. Was mich zu der Frage bringt, was denn so schlimm daran sein könnte, mit solchen Menschen Zeit zu verbringen. Nicht dass ich mich mit Schwangerschaft auskennen würde, aber schon allein das Alter dieser Menschen erscheint mit hochgradig attraktiv. Sie sind noch unterwegs, haben Pläne, Hoffnungen, Ideen. Was könnte als Gesprächsgegenüber inspirierender sein für ein scheinbar angekommenes Geschöpf? Sich Jahrzehnte in der gleichen Suppe zu baden, nur über Krankheiten auszutauschen und alte Kamellen zu verteilen, kann wohl nicht das Ende der Lebensfahnenstange sein.

Punkt 4: keine Akne zu haben. Das erinnert mich eine Begebenheit vor einige Jahren. „Mein" Jüngster war gerade in der heißen Vorphase der Pubertät, ich in derselben meiner Wechseljahre. Wir hatten gemeinsame Hitzewallungen und gemeinsame Pickelausschläge. Und dort, wo „normale" Mütter und Pubertierende aneinander geraten, hatte unser Austausch darüber fast Selbsthilfegruppen-Charakter. Ich habe das sehr genossen, und die Altersakne war damit nur halb so störend.

Die Seenager-Kriterien gingen jetzt noch weiter, doch ein gewisses Niveau will ich nicht unterschreiten. Wie ich natürlich in keinster Weise einsehe, dass man sich mit einem gewissen Geschlecht und/oder ab einem gewissen Alter Dingen verschließen sollte, die die Gesellschaft nur für bestimmte „Zielgruppen" vorgesehen hat. Kürzlich stellte ein Mann die Frage in eine geschlechtlich heterogene Menge, wer von den Anwesenden schon einmal in einem Bordell gewesen sei. Nur eine Hand hob sich, und es war nicht die, die der Fragesteller erwartet hatte. Mehr sag' ich dazu nicht.

Die Stärke und Schwäche in uns

Meine Oma ist jetzt seit knapp drei Jahren tot, und einmal im Jahr besuche ich sie und Opa auch dort, wo sie zu Lebzeiten beschlossen hatten, Frieden zu halten. Kürzlich zog es mich außertourlich zur „starken Ahnfrau".

Sie war ein Fels in der Brandung, und was meine Großmutter wollte, bekam sie auch. Nein, sie war keine Prinzessin, aber sie konnte hartnäckig sein wie niemand sonst in unserer Familie. Es drehte sich alles um drei Themen: Familie, Geld und Essen. Und manchmal denke ich mir, dass genau darin das Geheimnis ihres hohen Alters – sie starb mit 102 Jahren - lag. Brisant an der ganzen Angelegenheit war, dass die Familie hauptsächlich aus meiner Mutter und mir bestand. Ihr Mann und mein Vater gehörten zwar irgendwie auch dazu, aber ihr Grundvertrauen versagte bei den Herren schlussendlich immer. Das dehnte sie irgendwann einmal auf das gesamte Geschlecht aus und hielt damit auch nie hinter dem Berg. Welche Sprüche ihr dazu einfielen, halte ich hier unter Verschluss – wir wollen ja nicht diskriminierend werden, nicht? Doch einen, der mir während meines Kurzbesuchs an ihrem Grab wieder einfiel, teile ich mit Ihnen: „Du bist eine starke Frau."

Wenn das kein Mantra fürs Leben ist! Ich weiß gar nicht mehr, wann sie damit anfing, mich zu infiltrieren. Vielleicht damals, als mein Großvater meinte, dass man sich um mich keine Sorgen machen müsse, weil ich eh alles schaffe. Vielleicht aber auch nach seinem Tod, als sie beschloss, ihr Single-Dasein noch einmal so richtig zu genießen und mit „Du bist eine starke Frau" auch ein wenig sich selbst meinte. Wie auch immer: Hätte ich es geschafft, noch letzte Worte von ihr zu hören – ich bin sicher, es wären diese vier gewesen.

Am späteren Nachmittag treffe ich eine Bekannte, die von der Anlage, Einstellung und dem Humor her eine Freundin werden könnte. Sie ist frisch geschieden, hat einen Vollzeitjob, zwei pubertierende Söhne, einen Hund und jede

Menge zu managen. Und sie ist müde, nein, erschöpft. Von all dem, was zusätzlich noch in ihr Leben drängt. Männer zum Beispiel, verheiratete, geschiedene, ledige. Was soll ich sagen? Wir könnten in Co-Autorenschaft ein Trauerspiel schreiben. Und genau deshalb hat sie beschlossen, ihre Schönheit, ihren Witz und ihre Intelligenz jetzt nur mehr für sich selbst zu nutzen. Gute Entscheidung! Allerdings erzählt sie auch, dass sie von ihrer Umgebung dafür wenig Unterstützung bekommt, denn sie sei ja eine starke Frau und würde „das Kind schon schaukeln". Nicht nur das Kerzenlicht funkelte in ihren Augen, als sie sagte: „Wenn ich das mit der starken Frau noch einmal von jemandem höre, hau' ich ihm oder ihr eine rein."

Ja, auch so kann man Stärke demonstrieren – ist aber vielleicht nicht die eleganteste Methode. Und doch kann ich genau nachvollziehen, wie sie sich fühlt. Denn was bedeutet das denn im Endeffekt? Nicht weniger als eine Weigerung, diesen Menschen zu unterstützen. Nicht weniger als einen Freibrief, sich wenigstens um diesen Menschen nicht kümmern zu müssen. Weil eh so stark, selbständig und eigenverantwortlich. Mit der Zeit, die man aufwenden müsste, um ihm beizustehen, kann man dann etwas anderes angefangen – Shoppen zum Beispiel, Fernsehen oder andere weltbewegende Sachen.

Dass man stark, selbständig und eigenverantwortlich leben kann und trotzdem hin und wieder Trost, vielleicht eine Schulter oder eine helfende Hand braucht, ist kein Widerspruch. Einer Freundin, die auch in dieser Schublade liegt, hilft es schon, wenn man sie als „armes Schwein" bezeichnet. Weil man da WAHRNIMMT, wie es ihr geht. Um mehr geht es im Grunde bei uns starken Frauen nicht. Wir wollen kein Lob, keine Anerkennung, keine Auszeichnungen. Wir wollen aber auch nicht, dass man sich zurück lehnt, nur weil wir an 95 von 100 Tagen wissen, wie wir unser Leben gestalten möchten. Was wir zu tun und zu lassen haben. Mit wem wir das tun und auf wen wir lieber verzichten. Wir haben das Erbe der Emanzipation angenommen, doch konnten bislang an keiner Stelle nachlesen, dass das gleichzusetzen wäre mit Empathieverlust und Ignoranz.

In ein paar Tagen feiert meine Bekannte ihren zweiten Geburtstag. Jenen Tag, an dem mit dem Auszug ihres damaligen Mannes ihr neues Leben begonnen hat. Und weil sie alles, was danach kam, viel Kraft kostet, wollte sie mir eigentlich nur einen kurzen Besuch abstatten. Als sie ging, war es dunkel. Denn wenn starke Frauen etwas können, dann das: sich gegenseitig stärken. Und wenn es Stunden dauert. Denn es gibt dann eben nichts Wichtigeres. Punkt. Meine Oma wusste das.

Schreibt, Leute, schreibt

Dort, wo ich aufgewachsen bin, gab es nicht sehr viele Möglichkeiten, sich zu zerstreuen. Jeweils zwei Fernseh- und Radioprogramme, viel Gegend und damit jenseits von allem, was einen jugendlichen Geist speisen könnte, haben mich kreativ werden lassen. Vor allem dahin gehend, was ich mit meiner Zeit anfange.

Lesen war eines dieser Dinge, und weil ich ein reichlich dünnes, blutarmes Kind war, habe ich Bücher gefressen. Nicht, dass es zur Zunahme meines Körperumfanges beigetragen oder mein Blutbild verbessert hätte. Aber mein Geist konnte sich dadurch ziemlich gut wegbeamen von den Bergen, die auf meinen Horizont drückten. Denn wer blutarm und schmächtig ist, hat normalerweise keinen Drang zu Gipfeln. Vielleicht via Lift, aber die führten halt nur zu ausgewählten Zwei- bis Dreitausendern. Im Winter schien das noch legitim, im Sommer verschmähten echte

Bergfexe diese Option. Was mir schon früh klar machte: Ich bin kein Bergfex. Dabei bleibe ich bis heute. Aber das ist eine andere Geschichte.

Den Zug zur Natur hatte ich damals auch noch nicht, denn es ist dem Menschen ja meist systemimmanent, dass er das Naheliegende nicht zu schätzen weiß. Dazu braucht es oft ein Kontrastprogramm, wie 30.000 Autos, die täglich am Wohnzimmerfenster vorbeigasen oder Nachbarn, die nachts nichts Besseres zu tun haben, als einen per Telefon zu tyrannisieren. Erst dann kann man Kuhgebimmel, die Kirchenglocke um 7 (!) Uhr früh und den Fladengeruch lieben lernen. Von Autos und Nachbarn der genannten Provenienz war ich damals weit entfernt. Insofern empfand ich mein Leben – sorry, Mutter! - als laaaaaaaaangweilig. Heute bin ich natürlich dankbar für die Klavier- und Ballettstunden, die mir meine Eltern angedeihen ließen. Vor allem aber für die Deutsch-Nachhilfe.

Nicht, dass ich sie dringend benötigt hätte. Meine diesbezüglichen Noten waren einwandfrei. Und wenn ich versuche, mich zu erinnern, warum ich zum Deutschlehrer der hiesigen Hauptschule expediert wurde, finde ich nur einen Grund, nämlich dass meine Eltern etwas Vorhandenes weiter fördern wollten. Deshalb lesen Sie jetzt das, was Sie lesen. Und das trotz der diversen Katastrophen, die ich mit meinen Deutschlehrern erleben durfte. Die weniger am Inhalt, als vielmehr an Formalitäten gehangen sind, die mir streckenweise meine angeleitete Kreativität arg verschüttet haben. Auch heute gibt es noch Lehrer dieser Art, doch ich weiß auch, dass das Bewusstsein steigt. Und dass Lehrer natürlich ihren Lehrplan haben, in dem steht, was die Schüler zu können haben. Aber fünf Jahre Erörterungen schreiben? Irgendwann hat es selbst der verträumteste Schüler begriffen. Sie merken schon - ich beginne, mich zu echauffieren, also weg davon.

Was ich als Schreibpädagogin mehr als oft höre, ist: „Ich kann nicht schreiben." Grundsätzlich glaube ich das niemandem, denn wenn man sich auf etwas verlassen kann, dann darauf, dass Menschen einen Stift halten und

Buchstaben formen können. Doch was damit gemeint ist, ist, dass diesen Menschen der Glaube verloren gegangen ist, dass ihre geschriebenen Worte von irgendeiner Bedeutung sein könnten. Das ist die wirkliche Tragik dahinter.

Interessanterweise gilt das für das gesprochene Wort nicht, sonst hätte unsere Medienwelt nicht den Begriff des „Unterschichtenfernsehens" hervorgebracht. Gesagt wird alles, und wenn es noch dazu aus der Flimmerkiste kommt, MUSS es Bedeutung haben. Doch sobald die Minenspitze das Papier erreicht, ist das Selbstvertrauen im Mausloch verschwunden. Offen gesagt: Das verstehe ich nicht.

Grundsätzlich ist Schreiben eine persönliche, wenn nicht intime Angelegenheit. Nur man selbst, der Stift und das Papier. Okay, vielleicht auch der Laptop – da scheiden sich die (Schreib-) Geister. Doch schon oft verweigern sich Menschen genau das. Und warum? Wegen des Zensors in ihrem Kopf. Meiner heißt übrigens Ethel. Wir beide haben eine mehr als intime Beziehung. Und trotzdem schreibe ich, wie Sie merken. Das hängt zum einen damit zusammen, dass ich Ethel inzwischen immer öfter auf ein rotes Samtkissen bette, auf das sie sich kuscheln kann und einschläft. Zum anderen habe ich nicht zuletzt durch Sie begriffen, dass jeder Mensch etwas zu schreiben hat, was für andere von Bedeutung sein kann. Und das hängt damit zusammen, dass Schreiben zum Reflektieren einlädt. Gesagt ist ja schnell etwas, und manch einer kann gar nicht so schnell denken, wie er spricht. Beim Schreiben umschifft man diese Falle. Denn wenn man selbst liest, was man verfasst hat, merkt man meist rasch, woher der innere Wind weht. Und ab dem Zeitpunkt, wo man zu relativieren beginnt, setzt auch die Wertschöpfung für andere ein.

In diesem Sinne möchte ich heute ausdrücklich ermutigen: SCHREIBEN SIE! Für sich, für ihre Lieben, für die Öffentlichkeit. Teilen Sie es in Schreibgruppen oder -werkstätten mit anderen, denn nur so erweitert sich Ihr Horizont, ihre Innen- und Außensicht. Es gibt nichts Falsches daran, man kann auch nichts falsch machen. Und möglicherweise erleben auch Sie dann diesen einen Moment,

auf den ich heute noch stolz bin. Mein kreativkannabalistischer Deutschlehrer pflegte immer mit einer bestimmten Tageszeitung in die Klasse zu kommen.
Seit fast 20 Jahren schreibe ich für diese Tageszeitung. Das heilt ungemein.

Hurra, ich stehe alleine!

Neulich im Bus. Ich hatte meine Kopfhörer vergessen und kam damit in den Genuss, einem Gespräch von drei Frauen in fortgeschrittenem Alter zu lauschen. Ja, manch einer sagt, dass ich auch schon in diese Kategorie falle, doch wenigstens weiß ich, dass ich stehe.

Die Damen unterhielten sich offensichtlich über eine gemeinsame Bekannte, die natürlich nicht anwesend war. Ist ja jetzt nichts außergewöhnliches – es soll ja Menschen geben, die ihr ganzes Leben lang nichts anderes tun, als sich über andere die mittige Öffnung im Gesicht zu zerreißen. Ich halte das für Zeitverschwendung, denn vor der eigenen Haustüre zu kehren, hat vor allem den Vorteil, dass der Vorgarten sauber ist. Aber wurscht.

Auf jeden Fall besprechen die Frauen das Faible der Bekannten, in jeder Jahreszeit ihre Wohnung entsprechend zu dekorieren. Abgesehen davon, dass sie die Abstaubmühen betonten, kam irgendwann die Aussage: „Na ja, sie hat ja Zeit, sie ist ja alleinstehend." Mit diesem leicht mitleidigen, leicht wässrigen Timbre in der Stimme, die nichts mit Sanftheit, sondern eher mit Herablassung zu tun hat. In diesem Moment beschloss ich, nicht nur einen Zettel mit „Katze?" an die Innenseite der Haustüre zu kleben, sondern auch einen mit „Kopfhörer?" Denn solchen Bewertungen eines Individuums ausgesetzt zu sein, raubt mir das Seelenheil.

Ein Mensch, der in einer Beziehung lebt, hätte dieses eine Wort „alleinstehend" vielleicht abgenickt und weiter auf den Fluss, wahlweise die Stadtberge geschaut. Ich hätte das auch tun können, doch ich musste darüber nachdenken, was denn an „alleinstehend" so schlimm sein könnte. Ja, ich bin alleinstehend – war es immer. Denn was bedeutet es denn wirklich, ohne konventionellen Hintergrund? Dass man/frau keine Krücke, keinen Rollator, keinen Rollstuhl braucht. Dass man eben alleine auch zurecht kommt. Ohne dass ein Mann die Glühbirne reinschraubt, die Wasserschüssel ausleert oder die Alufolie reicht. Mir blieb im Grunde oft nichts anderes übrig, als alleine zu stehen, denn meine hervorstechendste zwischenmenschliche Fähigkeit neben dem Zuhören ist, mir sehr häufig Männer mit besonderen Bedürfnissen auszusuchen. Ihre Vorstellung von meinen Bedürfnissen war eher eindimensional, nur damit ich das erwähne und nicht den Eindruck vermittle, ihnen wäre ALLES wurscht gewesen.

Wenn man also mit besonderen Bedürfnissen konfrontiert ist, kann das eine Herausforderung sein. Vor allem, wenn man alleine stehen will. Denn irgendwo zerrt immer jemand, braucht immer jemand etwas, will immer irgendwer von seiner Einsamkeit, wahlweise Langeweile, wahlweise Überforderung befreit werden. Ich kann das ziemlich gut, oder sollte ich sagen „konnte"? Denn unter uns Pfarrerskindern gesprochen, möchte ich immer öfter „STOP!" rufen. Oder mich unter einer Käseglocke verstecken. Oder meine Ohren abschrauben. Denn auch wenn ich nach wie vor auf gewisse Tonfälle, Worte oder Blicke automatisiert reagiere, weiß ich doch, dass vieles davon not my cup of tea ist. Weil ich dann nämlich in absehbarer Distanz – und die tut sich immer schneller auf – in ein Energieloch falle, das mir jegliche Widerstandskraft gegen Bedürftigkeitsansprüche raubt. Da überrollen mich alle Probleme dieser Welt – na ja, zumindest die der Menschen MEINER Welt, und ich brauche viele Stunden, um mich wieder zu regenerieren. Alleinstehend zu sein, ist da nicht viel mehr als eine fromme Sehnsucht.

Aus diesem Grund habe ich mir vor einiger Zeit in meinen Kalender Stunden für Zwischenmenschliches eingetragen, ganz einfach, um mich zu disziplinieren. Das den anderen zu überlassen, hat sich im Laufe meines Lebens als sinnlos erwiesen. Also gibt es an jedem Tag drei Fenster für das, was an Herausforderndem, Problematischem, Lösungswilligem in mein Leben drängt. Und es gibt zwei „Termine", in denen ich in der Versenkung verschwinde und mich einfach tot stelle. Weil es sein muss, weil ich nicht (mehr) anders kann. Einzuhalten ist das natürlich nicht immer, doch es klappt immer öfter. Diese Woche nicht wegen Besuchsprogramm, Kurztrip und Arbeit. Und die nächste Woche ist auch schon wieder einigermaßen gut gebucht. Aber in der übernächsten – da klappt es bestimmt! Sie sehen, ich bin urlaubsreif weil widerstandslos, doch von diesem Baum falle ich erst wieder im Dezember. Dann aber gründlich. Und hoffentlich weich. Denn mit gebrochenen Beinen kann man nicht allein stehen. Und reisen erst recht nicht.

Schönwetterperiode

Ich habe eine neue Liebe. Die eigentlich eine alte ist. Na ja, vielleicht 25 Jahre alt. Nein, nein – nicht die Person, sondern die Liebe. Und sie wird wahrscheinlich ein Leben lang halten.

Als ich vor geschätzten 25 Jahren das erste Mal Syrien besucht, tat ich das vor allem, weil mein Onkel mit seiner Familie dort wohnte. Und diese beinhaltete damals seit kurzem ein knopfäugiges, dunkelhaariges Wesen, das nicht sehr viel sprach, weil das Sprachengewirr in seinem Umfeld etwas zu viel für das junge Köpfchen waren. Doch dieses Geschöpf wusste auch ohne Worte, was es wollte: mich. Begeisterung wollte damals bei mir nicht recht aufkommen, denn was sollte ich mit Kindern anfangen? Ich hatte gerade einen neuen Job und war frisch verliebt. Ich hatte eine neue Wohnung bezogen und war gerade ziemlich zufrieden mit allem. Kinder kamen in diesem Konzept nicht vor, weil laut, anstrengend, unerzogen. Und obwohl ich keinen Schritt mehr als verwandtschaftlich angemessen tat, mochte mich meine kleine Kusine.

Ein paar Jahre später – wir hatten wenig Kontakt – wiederholten wir dieses Treffen, und an ihrem Ehrgeiz, Teil meines Lebens zu sein, hatte sich nichts geändert. Ich begann, das zu akzeptieren; auch weil ich – wieder – verliebt und dieser Mann Vater von drei Kindern war. Die Beschäftigung mit diesem Thema würde also nicht ausbleiben, vermutete ich damals. Was sich als zutreffend herausstellte. Bald hatte ich also vier Kinder in meinem Leben, die mir eine völlig neue Welt eröffneten. Eine Welt, die mir verschüttet schien bei dem langen Prozess des Erwachsenwerdens. Hier ein Schäuflein, dort einen Spaten voll, und schon war das innere Kind, die Kreativität auf diesem Weg wieder ein Stück weit unter die Erde gerutscht.

Und zugeteert worden, denn wer einen Beruf ausübt, hat natürlich seinen Mann oder seine Frau zu stellen. Wer redet da schon vom inneren Kind?

ICH begann davon zu reden. Denn meine vier führten mir

dringlich vor Augen, dass man als Erwachsener auch nicht alles weiß. Oder vergessen hat. Oder noch nie darüber nachgedacht hat. Abgesehen davon, dass ich mich in Berge von Literatur über Kindererziehung einlas, hatte ich grundsätzlich furchtbare Angst vor diesen kleinen Wesen. Was, wenn sie mich nicht leiden konnten? Oder mich sogar ablehnten? Und aufsässig werden würden? Der Kindesvater riet mir dann, mich einfach auf sie einzulassen. Und das rüttelte mir mein Kopfkino wieder ein wenig gerade. Ich, die nie mit Kindern zu tun gehabt hatte, konnte unmöglich erahnen, wie die drei mit mir umgehen würden. Eigentlich logisch.

To make a long story short: Es wurde die große Liebe. Mit jedem einzelnen der vier eine andere, aber eine große. Und ich begriff im Laufe der Jahre, dass es nicht nur eine zu ihnen, sondern zu allen Kindern ist. Denn überall, wo ich auf sie treffe, kommen sie auf mich zu. Schenken mir ein Lächeln, klettern auf meinen Schoß, lassen sich von mir tragen. Und erzählen mir ihre Sicht der Welt. Das finde ich inzwischen meist viel interessanter als Geschichten meiner Altersgruppe, die vielfach aus „Mein Haus, mein Pferd, mein Segelboot" bestehen. Natürlich hat das auch einen Wert – keine Frage. Doch Entwicklung ist für mich nicht Besitz, sondern Erkenntnis. Und diese Erkenntnis schenken mir sehr häufig junge Menschen.

Der jüngste Mensch, der mein Leben bevölkert, ist gerade zwei Jahre geworden. Er nennt mich „Gallio", und ich bin zuversichtlich, dass daraus bald ein „Claudia" wird. Denn g'scheit ist er über die Maßen. Er erklärt mir mit einem Fingerzeig, dass es höchst unappetitlich ist, einen vollen Aschenbecher auf der Gartenbank stehen zu lassen. Er nimmt eine Doppelhacke und marschiert auf dem Rasen von einem gefallenen Apfel zum nächsten, um ihn aufzupicken und zu sammeln. Er strahlt über das ganze Gesicht, wenn er mich sieht und startet in seinem Zuhause in Richtung Haustüre, weil er „Gallo" und die Katze „Jaja" besuchen will.

Das scheinen ganz einfache Situationen zu sein, die

wahrscheinlich jedes Kind tut. Doch mich lehren sie, dass es in diesem Moment nichts Wichtigeres gibt. Wie will man einem solchen Sonnenschein Kopfkino erklären? Was soll er mit Ängsten, Sorgen oder Zweifeln anfangen? Gerade mal gar nichts. Er braucht Bestärkung, Zuversicht und Wertschätzung. Und während man es dem Kind schenkt, schenkt man es auch sich selbst. Und das tut gut. Beiden. Doch vor allem jungen Menschen, die in einer Welt aufwachsen, die scheinbar schrecklich, furchteinflößend und restriktiv ist. Was sie nicht ist, wenn wir genau hinschauen. Und dieses Hinschauen lehren mich Kinder. Sie haben mich gelehrt, mein inneres Kind wertzuschätzen. Denn meiner Erfahrung nach ist diese interne Verbindung essentiell dafür, um zu unserem Wesen vordringen zu können. Natürlich hilft auch Meditation, ein Spaziergang oder Tanzen. Doch in ein lachendes Kindergesicht zu schauen und sich darauf einzulassen, ist durch nichts zu überbieten. Und aktuell strahlt niemand so wonnig wie mein kleiner Nachbar. Möge die Schönwetterperiode lange anhalten!

Mein Ding, sein Ding

Kürzlich stolperten meine Augen über einen Artikel, der sich damit beschäftigt, wohin alle guten Männer verschwunden sind. „Aha", denke ich mir, „wenigstens gibt es sie noch IRGENDWO." Denn meine persönlichen Erfahrungen lassen eher den Schluss zu, dass sie in ein schwarzes Loch gefallen und dort verdampft sind. Gut, aber dann wären sie ja immer noch in der Luft, wahlweise im Universum unterwegs. Und würden mit ihrer guten Energie auch jene Artgenossen durchdringen, die es mehr als nötig haben. Meine Erfahrungen spiegeln eher das Gegenteil.

Jetzt kann man ja über Geschmack streiten, sollte es aber tunlichst unterlassen. Denn natürlich braucht jede Frau eine andere Art Mann. Oder vielleicht doch nicht? Zugegebenermaßen ist die Antwort „männlich" auf die Frage, wie ein Mann zu sein hätte, nicht sehr präzise. Und reflektierte Frauen machen sich durchaus die Mühe, das zu differenzieren. Weniger Reflektierte bleiben beim „gut". Und das bringt mich zu dem bestens gebauten, in einem Mohnfeld meditierenden Autor des Artikels über die guten Männer. Dass man mit so einem Geschöpf Probleme haben könnte, scheint widersinnig, denn bevor er laut würde, versinkt er wahrscheinlich in irgendeinem, Frieden stiftenden Mantra. Und natürlich liegt ihm nichts ferner, als die Emanzipationswelle zu reiten. Doch was er ins Treffen führt, hat sehr wohl mit Suffragetten, Feministinnen und politischer Korrektheit zu tun. Denn das alles habe seiner Meinung nach das Verhältnis zwischen den Geschlechtern zerrüttet.

Dass so viele Ehen in die Brüche gegangen seien, bringe gute Männer dazu, erst gar nicht im Honeymoon-Hotel einzuchecken. Kann ich gut nachvollziehen. Meine Oma meinte schon immer, dass ich mir im Laufe meines Lebens zahlreiche Scheidungen erspart hätte durch meine Weigerung, meine Beziehungen institutionalisieren zu lassen. Manchmal kommt der Zweifel in mir hoch, dass sie vielleicht MICH als beziehungsunfähig gehalten haben könnte. Doch weil sie eine hartnäckige Männerskeptikerin war, bin ich ziemlich sicher, dass sie den Männern die Scheidungsschuld zugewiesen hatte. Ihrem eigenen konnte sie diese nicht zuschieben, denn er war von der Sorte „Ein Mann, ein Wort". Vielleicht nicht vollumfänglich und auch nicht zu jederzeit, aber er hat durchgehalten – da konnte kommen, was wollte. Blond, Braun, Rothaarig. Zum Schluss ist er immer wieder zur seiner Schwarzhaarigen zurückgekehrt.

Also: die guten Männer weigern sich, zu heiraten. Geschenkt. Doch was der gelungen gebaute Guru noch beobachtet hat, ist, dass das Männerbild in den Medien zunehmend unterirdisch angelegt wird. Wir sind weit davon entfernt, den Zigarettenmann auf seinem Pferd in den Sonnenuntergang reiten zu sehen. Vielmehr gebe es nur mehr den dümmlichen, wahlweise ewig kindlichen Mann, der in seiner schwersten Stunde von seiner witzigen Frau oder seinem naseweisen Kind gerettet werde. Ertappt, denke ich mir. Kürzlich habe ich von meinem Orthopäden gleich zweimal in einer halben Stunde gehört, dass er sich von mir nicht ernst genommen fühlt. Und er ist ein g'standenes Mannsbild mit einer durchaus selbstbewussten Ausstrahlung. Bin ich tatsächlich so speziell oder hat er schlechte Erfahrungen im Sinne der oben beschriebenen Realität gemacht? Ich habe ihm geschrieben und meine Ernsthaftigkeit zum Ausdruck gebracht. Antwort kam keine, vielleicht hat er das auch wieder als Vera....e empfunden. Ich werde es merken, wenn er mir seinen Stoßwellenapparat ansetzt und mich damit auf den Mond beamt. Vorher möchte ich allerdings feststellen: Ich nehme jeden Menschen jeglichen Geschlechts ernst. Grundsätzlich und generell. Falle ich davon ab, hat das Gegenüber sein bedeutendes Scherflein dazu beigetragen.

Männer werden also entmannt. Auch dem kann ich etwas abgewinnen. Manche Frauen sind wirklich sehr schnell, wenn es darum geht, dem anderen Geschlecht Lösungen anzubieten oder gar aufzudrängen. Auch da nehme ich mich nicht aus. Doch seit geraumer Zeit – genauer gesagt, seit ich diesen Artikel gelesen habe – nehme ich mich zurück. Und denke die Lösungen nur mehr. Und wenn ich dann nervös werde, weil das männliche Gegenüber einfach nicht in die Gänge kommt, gehe ich einfach. Ich habe dadurch sehr viel Zeit für mich gewonnen. Und begriffen: Man muss die Männer auch einmal machen lassen. Und sich vor allem nicht für die verstrichene Zeit, gescheiterte Ansätze oder Umwege verantwortlich fühlen. Egal ob Lebensgefährte, Freund oder Geschäftspartner. Jeder ist zuerst für sein eigenes Leben verantwortlich und hat die Freiheit, das zu gestalten. Und wenn dieser Mensch ein Dasein in den Sand setzen will – bitteschön!

Zu oft hörten Männer, dass sie obsolet seien, sagt der Autor. Deshalb gebe es jetzt auch MGTOWs, Men going their own way. Und dieser Weg kreuzt mit großer Wahrscheinlichkeit keinen einer Frau. Zumindest keiner aus der westlichen Hemisphäre. Unverbindlichkeit sei das Gebot der Stunde, emotionale Verfügbarkeit kein Thema mehr. Doch es gibt auch eine gute Nachricht: Sie lieben starken, unabhängigen

Frauen. Allerdings ohne verbale Aggression, emotionale Manipulation und psychologisches Controlling.

Stellt sich die Frage, wie weit es mit weiblicher Stärke her ist, wenn sie darauf zurück greifen muss. Denn nur wer sich schwach fühlt hinter seiner starken Fassade, beschimpft, manipuliert und kontrolliert. Ich habe keine Lust mehr dazu. Männer ihr Ding machen zu lassen, entspannt mich ungemein. Doch ich merke, dass sich das unter ihnen noch nicht so herum gesprochen hat, das mit dem Ding. Da braucht selbst ein Mann jenseits der 60 eine Chauffeuse für seinen Jaguar, weil sein Energielevel gerade so niedrig ist. Er kann vor einer besetzten Herrentoilette nicht warten, bis sie frei wird, sondern muss mitten in der Stadt in eine Hecke pinkeln. Verlangt Lob, weil er ein weiches Ei samt Butterbrot hingekriegt hat. Nicht mein Ding. Ich habe durchgeatmet, meine Meinung klar und sanft gesagt und mich dann selbst im Jaguar zum Flughafen gefahren. Dass er mich als hoch entwickelte Fahrerin bezeichnet hat, ließ mich kurz husten, doch dann floss der Atem. Und mit ihm die Gewissheit, dass hilfsbedürftige Männer zuerst einmal lernen sollten, sich selbst zu helfen. Und wir Frauen die Gelassenheit an den Tag legen sollten, ihnen dafür Zeit zu geben. DAS wäre ein Ding!

Lieben heißt Lassen

Wer war das nur, der uns diesen Floh ins Hirn gesetzt hat, dass Liebe immer so zu sein hat, wie wir es aus Filmen, Büchern oder von Vorbildern kennen? Liebe sei dann keine mehr, wenn man Worte dafür finde, hörte ich kürzlich. Ich versuch's trotzdem.

Die erste Liebesgeschichte, an die ich mich bewusst erinnere, war jene in „Doktor Schiwago". Aus dieser Zeit stammt nicht nur meine Vorliebe zu russischen Komponisten, die gar nicht so wild auf den Streichern herumschrubben lassen können, als dass ich nicht an Juri und Lara in der Kutsche denken müsste. Ich weiß auch, dass sich meine Sympathien zu den Frauenfiguren in diesem Film mit der Zeit änderten. Am

Anfang war ich noch ganz auf der Seite von Tonya, die den ganzen Tag fror, damit sie am Abend ihrem Gatten ein warmes Zuhause bieten konnte. Mir gefiel das Hingebungsvolle an dieser Frauenrolle und auch die Klasse, die Geraldine Chaplin dabei ausstrahlte. Lara war für mich – unter uns gesagt – eine Schlampe. Ich kann nicht ausschließen, dass meine Skepsis gegenüber blonden Frauen aus dieser Zeit stammt. Ausnahmen bestätigen natürlich die Regel.

Wann sich dieses Bild wandelte, kann ich nicht sagen. Vermutlich ab einem Zeitpunkt, wo ich merkte, dass Liebe etwas ist, das sich nicht nur in geregelten, konventionellen Bahnen abspielt. Dass sie einem „dazwischen" kommen kann, egal ob man nun selbst oder der/die andere in einer Beziehung ist. Dass man unter gewissen Umständen einfach nicht „Nein" sagen kann, nur weil es bereits eine bestehende Beziehung gibt. Dass es wie in Laras Fall Abhängigkeit von Victor Komarovskij, Faszination für den Revolutionär Pascha oder auch hier die Hingabe an den Doc sein kann – dass

Liebe eben viele Facetten hat.

Jetzt könnte man natürlich sagen, dass Liebe aus Abhängigkeit nicht als Liebe gilt, dass auch Faszination eben nur Faszination und mitnichten Liebe ist. Wer sich in Situationen wie diesen befindet, wird aber solchen Argumenten wahrscheinlich eher unzugänglich sein. Denn das Gefühl der Liebe ist für jeden Menschen anders. Das wird mir klar, als ich mich in einer Diskussion mit meiner Psychohygienikerin wiederfinde. Und sie mir verdeutlichen will, dass jeder Mensch Liebe eben anders ausdrückt. Bei ihr sei es der Speck des Vaters gewesen, bei mir die Schokolade der Oma. Manche schenken Blumen, manche helfen im Garten, manche stehen um drei Uhr nachts vor der Türe, um Tränen zu trocknen. Das alles kann ein Zeichen von Liebe sein, und eines, das diesen Menschen eben möglich ist. Jemand, der eher der handwerkliche Typ ist, wird sich vielleicht mit Streicheleinheiten schwer tun, Techniker sind eventuell keine besonders sprachbegabten Menschen. Auch hier bestätigen Ausnahmen natürlich die Regel. Doch was ich sagen will: Man sollte seine eigene Auffassung, seinen eigenen Anspruch anderen tunlichst nicht überstülpen. Weil das nämlich ganz schnell ins Auge gehen kann. Vor allem ins eigene.

Das wahrscheinliche Resultat ist nämlich jenes, dass der/die andere so gut wie NIE diese Erwartungen erfüllen kann.

Er/Sie steckt ja schließlich nicht in der eigenen Haut, hat eine andere Biographie, andere Erfahrungen, eventuell sogar eine andere Mentalität oder Kultur. Hysterisch könnte man nun rufen, dass es ja dann unmöglich sei, jemals wieder Teil einer Beziehung zu sein/werden. Und diese Erkenntnis einzig und alleine dafür gut sei, sich auf ein lebenslanges Single-Dasein einzugrooven. Ich denke, es ist genau das Gegenteil.

Wenn man den anderen Menschen so lässt, wie er eben ist, stellt sich sehr schnell heraus, ob er das Potenzial hat, Teil des eigenen Lebens zu werden oder nicht. Dazu braucht man keinerlei Energie aufzuwenden, etwa für Seelenrecherche oder Interpretationen. Man lehnt sich zurück und schaut, ob sich die Persönlichkeiten verzahnen oder aneinander reiben.

Letzteres minimiert den emotionalen Aufwand, ersteres schenkt Hoffnung, wenn auch abwartende. Und irgendwann einmal weiß man es. In dem Vortrag war die Rede von einer Liebe, die man nicht benennen kann. Und von einer Hoffnung, die nichts vom anderen erwartet und auch kein Ziel hat. Eben nicht nach dem Motto: „Ich hoffe, dass morgen ein Lamborghini vor der Türe steht." Sondern dass man vertraut, dass alles gut ist, wie es ist und kommt. Und der Redner meinte, Liebe und Hoffnung wären im Grunde dasselbe. Ich neige dazu, ihm zuzustimmen.

Urlaubsentspannung? Dass ich nicht lache!

„Rrrrrrrelax and think of parrrrrrrrrradise. You arrrrrrrrrre so strrrrrrressed", sagte der tunesische Masseur zu mir, während er hart an der Grenze zur Intimbehandlung entlang schrammte. Doch abgesehen davon, was er für mich als die angenehmste Entspannungsmethode erachtetet, frage ich mich natürlich, warum ich nach zwei Wochen Urlaub derartig unter Strom stand.

Meine Anfangsintention war ja, mich in einem Hotel mit All Inclusive-Service rund um die Uhr pampern zu lassen, nur in der Sonne zu liegen und endlich einmal nichts anderes zu tun als zu lesen und zu brutzeln. Und um dabei nicht ganz zu verblöden, mir in Kairo noch so einiges anzuschauen und das Ganze an einem tunesischen Strand ausklingen zu lassen. So weit die Theorie, der die Praxis nicht folgen wollte oder konnte.

Tag Eins begann mit windigem Wetter und Partymusik ab 9

Uhr früh. Dem zu entkommen, machte ich einen Spaziergang entlang des Meeres und setzte mich auf eine Bank. Hörte den Wellen zu und bald auch den Worten eines geschiedenen Mannes aus Alexandria, der mir erzählte, wie ihn am Vorabend eine Frau aus der Ukraine in der Disco angemacht hätte. Und wie er sie abgewiesen hätte. Um uns für einen Kaffee zu verabreden, tauschten wir die Telefonnummern aus. Ja, ich hätte wissen müssen, was das bedeutet, aber Ägypten ist schließlich nicht Tunesien. Nach dem Abendessen saß ich in der Hotellobby und erhielt dann seine Anfrage, ob ich an einer Nacktmassage auf meinem Zimmer interessiert wäre und ob er meine Nummer erfahren könnte. Meine Antwort können Sie sich vorstellen.

Und das nicht nur deshalb, weil ich keinerlei Erfahrung mit professionellen Nacktmassagen habe. Sondern auch, weil ich an diesem Abend damit beschäftigt war, mich von einem anderen Mann durch Hurghada chauffieren zu lassen. Der Bankomat im Hotel spuckte nämlich kein Geld aus, und ich hatte im Überschwang der olfaktorischen Gefühle Öle

eingekauft, die ich zu bezahlen gedachte. Und nicht konnte. Doch die Gastfreundschaft der arabischen Völker ist eben nahezu grenzenlos, weshalb ich inzwischen in diesem Ort am Meer nahezu jeden Geldautomaten kenne. Und keiner mir was geben wollte. Das galt allerdings nicht für meinen Chauffeur, der mir sein ganzen Leben zu Füßen legte. Er hatte schlechte Erfahrungen mit Ägypterinnen, Schweizerinnen und Russinnen gemacht – eine Österreicherin fehlte ihm noch. Die in seinem Auto saß und krampfhaft überlegte, wo sie für die kommenden zwei Wochen Geld herbekommen sollte, war nicht interessiert, wie Sie sich denken können. Später stellte sich heraus, dass ich für die diversesten Kreditkarten falsche PINs mitgenommen hatte und es auch eine simple Bankomatkarte tat. Was für eine Erleichterung!
Während es weiter windig und überdurchschnittlich kühl blieb, freundete ich mich mit Adam an, der einen phantastischen Tee aus Beduinenmalven braute sowie als Physiotherapeut meine Achillesferse unter die Lupe und in

seine Hände nahm. Ich schätze ihn jetzt nicht als Fussfetischisten ein, doch irgendwas dürfte in ihm gezündet haben. Plötzlich hatte ich einen Spitznamen und täglich mehrere Nachrichten auf einem Handy. Und selbstverständlich eine Einladung zum Essen. Selbstgemacht, versteht sich. Eine verlockende Vorstellung angesichts der Krankenhaus-Gerichte am Hotelbuffet. Ich verschob dieses Essen trotzdem Tag um Tag, am Ende war es ein halbstündiges Fischessen in einem Restaurant, zu dem die Fahrt länger dauerte als die Nahrungsaufnahme. Denn vorsichtshalber hatte ich mir ein weiteres Treffen mit alleinreisenden Schottin im Hotel ausgemacht – Dates im arabischen Raum können ja manchmal ausufern.

Silvester schob ich mich an einem zehn Meter langen Süßigkeiten-Buffet entlang, lauschte einem Sänger im Samt-Jackett, der Lieder von Metallica und den Scorpions trällerte. Ich beneidete meine Tischgesellschaft, die aus zwei taubstummen, deutschen Frauen bestand, denen diese Höhepunkte glücklicherweise entgingen. Um halb zwölf fand ich mich mit bereits erwähnten Schottin im Shisha-Zelt wieder, deren Vater vor einem Monat gestorben war und die in einer Identitätskrise steckte. Tränen inklusive. Das Feuerwerk aus zwei Raketen habe ich vor lauter Taschentücherreichen völlig überhört. Ausgeklungen ist der Abend mit einem Mann aus Berlin, mit dem ich mich als krönendem Abschluss über den schlecht funktionierenden Personennahverkehr in der deutschen Hauptstadt ausgetauscht habe.

Dann kam Kairo und seine fünf Millionen Autos, die 24/7 durch die Stadt brettern. Und hupen, was das Zeug hält. Meine professionellen Begleiter waren entzückend und besorgt um mich, doch weiß man in diesen Fällen ja nie, ob es zum Job gehört oder reine Menschenliebe ist. Trotzdem fand ich mich in Gesprächen wieder, die von gebratenen Tauben handelten, die die männliche Begierde anheizten (als wären die noch notwendig!) und verhassten Schwiegermüttern, die jede Ehe zerstörten sowie die Information übermittelten, dass ägyptische Frauen unmittelbar nach der Heirat erkalten würden. Was sonst sollte man über Ägypten wissen wollen! Und das alles, während sich die ägyptische Version des elektrischen Reiters (Sie wissen schon, Robert Redford illuminiert auf einem Pferd!) wie ein Derwisch dreht und dazu ohrenbetäubend getrommelt wird.

Nach vier Stunden Schlaf dann der Aufbruch nach Tunesien. Und die Idee, nach einem Sturz am Strand dem Körper etwas Entspannung zu gönnen. Grundsätzlich nix Falsches, doch im Hammam einen Mann anzutreffen, war dann doch eine Überraschung. Aber ich wollte ja nicht diskriminierend wirken und wollte mir das anschauen. Das Ganze endete damit, dass mich sein zunehmend schweres Atmen dann doch dazu veranlasste, ihm immer öfter auf die Finger zu hauen und das Salben mit Rosen- und Steinöl vorzeitig zu beenden. Auch wenn er meinte, dass es seine Bestimmung sei, Menschen glücklich zu machen. Genau. Auf die Idee, dass mich seine Art der Massage gestresst haben könnte, ist er natürlich nicht gekommen. Wie auch, er wollte ja nur mein

Bestes. Und ich wollte es nicht hergeben – wie konnte ich nur!

Ja, Reisen ist aufregend. Und kann stressig sein. Vor allem dann, wenn man offen und neugierig durch die Welt geht.

Eine liebe Freundin hat mir für heute einen ruhigen Abend gewünscht – das tat ich seit Urlaubsantritt ständig. Doch wenn das Schicksal sich erfüllt, kannste machen gar nix. Und genau das ist das Wunderbare am Reisen. Und am Heimkommen. Jetzt will ich mich einmal vom Urlaub erholen, doch vermutlich kommt mir auch da etwas dazwischen.

Werdet wie die Kinder!

Unser Neuzeit-Lexikon schreibt zum Begriff „Naivität": „Während die kindliche Unvoreingenommenheit und Unverfälschtheit noch von vielen als positiv, sogar als rein und unschuldig angesehen wird, gilt sie bei einem Erwachsenen oftmals als ernsthafter Charakterfehler, als geistige Beschränktheit." Warum, um Himmels willen?

Langsam mache ich mir ja einen Spaß daraus, die Reaktionen auf meine Urlaubspläne zu beobachten. Wobei diese in letzter Zeit sehr ähnlich ausfallen. „Ägypten? Spinnst Du?" oder „Warum Tunesien? Da fahren ja alle alleinreisenden Frauen hin." oder „Marokko allein? Ich verstehe Dich nicht." Meine Cousine schiebt Äußerungen wie diese in die Rassismus-Schiene. Ganz so weit würde ich jetzt nicht gehen wollen, doch ich verstehe die Pauschalität, die sie damit (auch) meint.

Gut, im November letzten Jahres erschien eine Studie,

wonach für Frauen Kairo die gefährlichste Stadt der Welt ist. Könnte jetzt für jemanden, der dort noch nie war, ein Grund sein, NICHT hinzufahren. Weil er/sie es nicht aufprobieren muss. Jetzt könnte man das als systemimmanentes Radar bezeichnen, das bei bestimmten Kriterien zu blitzen beginnt. Beim einen sind es zu wenig Mülleimer auf den Straßen, beim anderen wenige Menschen in einer U-Bahn-Station und beim Dritten Tiere, die er nicht mag. Jeder hat eben sein ganz persönliches Frühwarnsystem. Und das hängt zweifellos mit den eigenen Erfahrungen zusammen.

Wenn ich an meine erste Orient-Reise zurückdenke, dann fand ich alles auch ziemlich schräg. Schräg wie schmutzig, laut, fremd. Und ja, ich dachte darüber nach, warum mir und meinen engen Jeans im Souk hinterher gepfiffen wurde. Aus heutiger Sicht war das der Beginn des Reisens und das Ende des Urlaubmachens. Denn damals wurde mir bewusst, dass es in jedem Land Regeln gibt, die das Zusammenleben ordnen – nicht nur unter Einheimischen, sondern unter allen Menschen dort. Und wenn ich ein Land kennenlernen wollte, dann musste ich mich zu einem gewissen Maß auf diese Regeln einlassen. Auch das hat Erholungswert. Weil es eben anders ist als zuhause. Warum sonst sollte man verreisen? Kürzlich in Kairo, der gefährlichsten Stadt der Welt. Von der ich nicht wusste, dass sie es ist. Und die ich auch nach meinem letzten Besuch anders bewerten würde. Natürlich ist es eine Herausforderung, über die Straße zu gehen. Und hilfsbereite Männer haben mir das durch ein sanftes Umfassen meines Ellbogens und gekonntes Navigieren durch den Autostrom sehr erleichtert. Ich habe es einmal auch selbst geschafft, doch ein bisschen Fürsorge kann hin und wieder nicht schaden. Einmal überfiel mich der Hunger auf meinem Pyramidenblick-Balkon bei gleichzeitiger Unlust auf Restaurantküche. Also suchte ich den nächsten Supermarkt auf, der mehr Ähnlichkeit mit einem Greisler hatte. Nüsse, alkoholfreies Bier, Datteln – alles wurde mir behutsam aus der Hand genommen, eingetütet und mit einer Verbeugung wieder überreicht. Dass mir alle nachwinkten, empfand ich als ungewohnt, obwohl ich ein durchaus herzliches Verhältnis zum Filialleiter des meinem Haus gegenüberliegenden Supermarktes habe. Dass er an der Scheibe geklebt wäre und meinen Weg bis zum heimischen Gartentor überwacht hätte, ist mir bislang entgangen. Um 20 Minuten Alleinsein mit den Pyramiden musste ich ebenso kämpfen wie um die Tatsache, dass ich mir mein Lachssteak selbst bezahlen könne. Ist wirklich ein heißes Pflaster, dieses Ägypten!

Mich dem auszusetzen, betrachtet manch einer als Naivität. Auch diese Einschätzung begleitet mich seit Jahren. Denn nur aus Einfältigkeit und Leichtgläubigkeit kann man allein als Frau in diese Ländern reisen, richtig? Na ja, vielleicht noch wegen Sex, wie mir auch immer wieder unterstellt wurde. Ich möchte wirklich nicht wissen, wovon manchen Menschen nachts träumen. Vor allem deshalb nicht, weil ich es schon nicht verstehe, wieso man als Erwachsener nicht mehr naiv sein darf. In dem Sinne nämlich, dass man nicht mehr unvoreingenommen und unverfälscht denken und handeln kann. Wo, bitte, steht denn geschrieben, dass man in meinem Alter alles in Schubladen abgelegt, beschriftet und verschlossen haben muss? Und es nicht hin und wieder heraus nehmen darf, um zu überprüfen, ob das noch stimmt, was man vor Jahren drauf gekritzelt hat?

Natürlich habe ich auch meine Schubladen, aber zugegebenermaßen wenige. Denn ich bemühe mich permanent, Menschen und Situationen losgelöst von meinen bisherigen Erfahrungen zu betrachten. Weil ich der Meinung bin, dass sie es verdient haben, als singuläre Ereignisse angesehen zu werden. Oder möchten Sie gerne wie jemand behandelt werden, den Sie gar nicht kennen? Eben. Zugegebenermaßen: Immer funktioniert es nicht gleich gut. Doch ich bemühe mich trotzdem. Wenn beispielsweise jemand drei Stunden nicht auf meine Nachrichten antwortet, dann könnte ich ihm unterstellen, dass er untergetaucht ist. Weil ich es eben schon einmal mit so einem Menschen zu tun hatte. Ich kann aber auch annehmen, dass meine Nachricht drei Stunden lang nicht beantwortet wird, weil der Adressat gerade mit einer wichtigen Angelegenheit befasst ist. Und nach deren Beendigung schreiben wird. Merken Sie den Unterschied?

Das tägliche Leben nur mit der Brille der Vergangenheit, wahlweise der Medien, zu betrachtet, schmälert die Lebensqualität ungemein. Denn so passiert nämlich gerade mal gar nichts mehr, was dem Leben Zauber, Überraschung oder Glück entlockt. Offen, unvoreingenommen, ja naiv dem Leben und seinen Geschenken zu begegnen, ist eines der letzten Abenteuer, auf die man sich heute noch einlassen kann. Und wenn der Preis dafür ist, dass man mich naiv nennt, bezahle ich ihn gerne.

Intuitiv interpretieren

Sind ja ein Hund, diese Prägungen! Wenn man nicht aufpasst, glaubt man ein Leben lang, dass die Haare zu dünn, der Harnstrahl zu heftig oder das Lachen zu laut ist. Dass das aufs Gemüt schlagen kann, lässt sich einfach nachvollziehen. Glücklicherweise ist uns Menschen das Instrument der Selbstreflexion gegeben worden. Und auch wenn es sich nicht in jeder humanen Grundausstattung wiederfindet, könnte es doch über den Prägungsblues hinweg helfen. Wenn man möchte.

Kürzlich zwischen 1 und 2 Uhr nachts. Nein, ich bin nicht alleine gesessen und habe Löcher in meine Tischplatte gestarrt – ich hatte Gesellschaft. Und nochmals nein, kein Männerbesuch, sondern der einer lieben Freundin, mit der es sich vortrefflich philosophieren lässt. Über alles, aber auch über Männer. Und weil aller guten Dinge drei sind: nein, kein Männerbashing! Obwohl es natürlich um den einen oder anderen Vertreter dieses Geschlechts ging – wie gesagt, es war zwischen 1 und 2 Uhr früh. Da beginnt man, sich auf das Wesentliche zu konzentrieren.

Wir kamen auf den Trichter, dass Interpretationen das Leben extrem erschweren. Beliebte Beispiele sind dabei das Nachdenken über „Warum ruft er nicht an?", wahlweise „Warum ruft er dauernd an?" Wer multikulti unterwegs ist, überlegt sich gerne, innerhalb welchen Referenzrahmens die Zeitangabe „Eine Woche" zu sehen ist. Als ich während meines letzten Urlaubs auf einem Boot das Mittagessen in fünf Minuten versprochen bekam, füllte sich mein Magen schlussendlich erst nach anderthalb Stunden. Ich esse langsam, aber nicht so langsam. Der Referenzrahmen war einfach ein orientalischer. Während wir auf diesem Kontinent nun doch einigermaßen ähnliche Vorstellungen von fünf Minuten oder einer Woche haben, nehmen das Menschen von jenseits des Mittelmeeres nicht ganz so pedantisch. Zeit – alles relativ! Und wenn man selbst jetzt nicht auf tunesische, ägyptische oder pakistanische Wurzeln zurück greifen kann, bleibt man mitunter doch verstört zurück. Und beginnt mit dem Interpretieren.

Eine Spielweise der Phantasie breitet sich da aus, die von einem Unfall bis zum Ghosten reicht. Und das Hirn derart zermartert, dass man die Kehrschaufel holen und die Brösel zusammenkehren möchte. Doch dann zwischen 1 und 2 entschließt man sich doch, darüber nachzudenken, ob man sich nicht auf seine Menschenkenntnis verlassen sollte. Und genau da beginnt die Polka mit der Prägung. Denn was ist, wenn man Zeit seines Lebens eingebläut bekommen hat, dass man eben keine Menschenkenntnis hat? Weil es immer wieder Begegnungen gab, die nicht von Dauer waren. Weil jemand anderer ja schon fünf Meter gegen den Wind gerochen hat, dass da etwas nicht stimmt. Weil doch ein Blinder mit Krückstock sieht, dass nicht geht, was nicht gehen darf.

Ich kann mir vorstellen, dass solche Kriterien früher sehr gut funktioniert haben, weil Konventionen allgemeingültiger waren als heute. Wer in die Kirche ging, war ein guter Katholik. Wer einen Job hatte, war fleißig. Wer verheiratet war, blieb es meist auch. So was halt. Mit der zunehmenden Individualisierung zerfließen diese Konventionen, wie ich finde. Es wird alles möglich, und man wird dafür noch nicht einmal mehr ausgepeitscht. Leben und leben lassen – unnötig zu sagen, dass mir dieser Zugang sehr sympathisch ist. Doch was macht das mit unserer Menschenkenntnis? Während es früher einfacher war, Menschen in Schubladen zu legen und man dafür noch gar nicht einmal viele brauchte, möchte man heute beinahe anbauen, um für jeden, der einem begegnet, eine eigene anzulegen. Denn es ist eben nicht jeder ein guter Katholik, der in die Kirche geht. Und dass unsere Zeit das Boreout-Syndrom kennt, zeigt, dass man sich in seinem Job nicht unbedingt verausgaben muss. 40 Prozent aller Ehen in Österreich werden geschieden – auch das ist mitzudenken, wenn man sich lebenslange Treue verspricht.

Was bedeutet Menschenkenntnis also in einer Zeit, wo man sich oft gar nicht mehr die Zeit nimmt, einen Menschen kennenzulernen? Und kann man einen Menschen überhaupt

jemals ganz kennenlernen? Ich glaube nicht. Zumindest zeigt das meine Erfahrung. Man verbringt Jahre seines Lebens mit jemandem, der sich plötzlich von heute auf morgen ändert.
Der immer Porsche gefahren ist und ihn nun verschenkt. Der seinen Job kündigt und in ein buddhistisches Kloster eintritt.
 Der seine Frau für einen Mann verlässt. Das alles kann passieren in der heutigen Zeit. Und kein Meister der Menschenkenntnis kann das vorhersehen.
Auch wenn meine liebe Freundin zwischen 1 und 2 Uhr nachts bemüht ist, mich meiner Menschenkenntnis zu versichern, kann ich sie davon überzeugen, dass es in der Begegnung mit einem Gegenüber in der heutigen Zeit vielleicht eher auf die Herzensverbindung ankommt. Auf das, was man spürt, wenn man dem anderen in die Augen schaut. Auf das, was die Stimme des anderen in einem auslöst. Auf das, was das Bauchgefühl sagt. Denn das meldet ziemlich schnell, wenn etwas für einen selbst nicht stimmig ist. Und wovon man die Finger lassen sollte. Ob das auch für jemanden anders gilt? Natürlich nicht. Es gibt sie nicht mehr,

die allgemeingültige Menschenkenntnis. Was an ihre Stelle treten sollte, ist die Intuition, die es in der heutigen Zeit schwer hat. Nicht nur, weil sie manchmal als Humbug verunglimpft wird, sondern auch, weil wir verlernt haben, ihr zu vertrauen. Doch dieses Vertrauen ist meiner Meinung nach in der heutigen Zeit wichtiger denn je. Weil sich die Intuition nicht mit glänzenden Oberflächen begnügt, sondern tiefere Qualitäten wahrnimmt. Und die sind es wert, offen gelegt und wertgeschätzt zu werden. Weil nur sie zählen.

Lächeln macht schön

Ich fände nichts schön, höre ich kürzlich, und ehrlich gesagt, überrascht mich das. Meine Fotoalben auf Laptop und Handy sagen etwas anderes. Doch da Kritik mitunter durchaus zur Persönlichkeitsbildung beitragen kann, denke ich darüber nach.

Als ich also vorgesetzt bekam, dass ich mich in puncto Schönheit so selten exponieren würde, verschlug es mir zuerst einmal die Sprache, und mein Denker-Sixpäck schob sich nach oben. Mein erster Gedanke war, dass ich meiner Begeisterung über das Leben und die Reisen allgemein sowie die kleinen Freuden zwischendurch offensichtlich zu wenig Ausdruck verleihe. Andererseits: Würde ich meine Freunde oder auch meinen Vater befragen, würden die mich bestimmt nicht in die Kategorie des rhetorischen Mauerblümchens stecken. Und bestätigen, dass ich ein durchwegs positiv gestimmter Mensch bin, der selbst an einem stinkenden Kuhfladen den indischen Brennstoff sieht.

Mein Selbstbild ist folgt dem Motto: Denke an das Schöne, Gute, Angenehme und es wird sich Dir eröffnen. Und meine Erfahrung hat dieses Motto immer wieder bestätigt. Pippi Langstrumpf eben. Wahlweise naiv.

Insofern habe ich allen Grund, mit einem Lächeln durch die Gegend zu laufen. Und das tue ich auch, wenn ich nicht zuhause bin. Hey, ich kann wegfahren – großartig! Doch muss ich das auch immer so sagen? Kürzlich erzählte mir eine Freundin, dass ihre Energetikerin eine strahlende Zukunft für sie eröffnet hätte und dass es ihr mehr als gut gehen würde in diesem Jahr. Dann kam der Zusatz: „Aber sagen Sie es nicht jedem, denn manche vertragen das nicht." Nach einer ersten inneren Schnappatmung und dem Impuls, ich würde über Schönheit in meinem Leben nicht reden, überlegte ich kurz, ob es da vielleicht einen Konnex geben könnte. Rede ich nicht darüber, weil ich Angst vor Neid habe? Weil ich nicht möchte, dass Menschen ob meines großen und kleinen Glücks in die Depression abrutschen? Oder weil ich es ganz egoistisch nur für mich behalten möchte, auch wenn ich weiß, dass es sich vergrößert, wenn man es teilt?

Einer, den sie „Pop-Titan" getauft haben, meinte einmal, dass man sich Neid erarbeiten muss. Und hat damit dieser katholischen Hauptsünde eine andere Wendung gegeben. Nichtsdestotrotz: ich möchte nicht beneidet werden. Denn das würde bedeuten, dass ich oder meine Existenz in anderen ein ungutes Gefühl hervorruft. Nicht dass ich das gänzlich vermeiden könnte – schließlich ist jeder für seinen emotionalen Haushalt selbst verantwortlich. Aber wenn ich kann, versuche ich doch, die Freude im Anderen zu aktivieren. Und da fiel mir auf, dass ich sehr wohl von den interessanten, auch schönen Momenten in meinem Leben spreche, damit andere aber lieber zum Lachen bringe. Weil das dann das wirklich Schöne daran ist.

Ich empfinde vieles in meinem Leben als schön: Muscheln am Strand von Gammarth, einen Kuss, mit der Katze zur Trafik zu spazieren. Doch das bedeutet in meiner Welt nicht, dass es andere auch als schön empfinden müssen/sollen.

Mein Empfinden für Schönheit ist höchst subjektiv und damit bar jeder Allgemeingültigkeit. Wer bin ich also, jemandem zu erzählen, wie wunderbar ich den ersten Blick aufs Meer finde, wenn der beispielsweise Angst vor Haien hat? Wie sehr ich die orientalische Gastfreundschaft genieße, wenn jemand schon Vorbehalte gegenüber Flüchtlingen hat? Wie bezaubernd ich gefrorene Blätter finde, wenn jemand noch nicht einmal Schnee kennt? Vielleicht kommt das auch vom Schreiben, denn gute Schreiberlinge bevormunden ihre Leser nicht, sondern verfassen ihre Texte so, dass eine eigenständige Meinungsbildung möglich ist. „Showing, not telling", lautet die Fachphrase dazu.

Und vielleicht gehe ich deshalb mit einem Lächeln aus dem Haus, weil ich genau das zeigen möchte – dass es mir gut geht. Wer wissen will, warum, kann fragen. Der Rest begegnet zumindest hin und wieder einem Menschen, der keine Angst davor hat, seine Zufriedenheit zu zeigen. Von denen gibt es ohnehin viel zu wenige. Aber ich gebe die Hoffnung nicht auf, denn mit jedem Lächeln, das ich ausschicke, bekomme ich mit 95prozentiger Sicherheit eines zurück. Und das ist dann schon wieder ein weiterer Mensch, der an diesem Tag gelächelt hat. Schön!

Lernt von den Katzen, Empathen!

Ich habe wieder eine zweigeteilte Nacht hinter mir. Denn seit mich mein Ex überredet hat, die Katze im kalten Winter nächtens ins Haus zu lassen, schlafe ich kaum mehr als fünf Stunden am Stück.

Manchmal gestattet sie sich selbst und mir einen Sieben-Stunden-Schlaf, doch meist kommt sie zwischendurch auf die Idee, mir ihren Futternapf zu zeigen oder aufs Klo zu müssen. Mit letzterem habe ich kein Problem. Schon alleine deshalb nicht, weil ich zu stur bin, ein Katzenklo zu installieren. Das wäre nämlich das endgültige Symbol dafür, dass ich sie adoptiert habe. Und so weit bin ich noch nicht – seit drei Jahren nicht. Doch das ist eine andere Geschichte.

Auf jeden Fall muss ich dann einfach aufstehen, um sie raus zu lassen. Geschenkt!

Heute früh habe ich einer Instagram-Freundin von ihr erzählt, während sich die Katze am liebsten unter meinen Morgenmantel geschoben hätte. Sie merkt, wenn ich im Aufbruch bin – egal, ob kurz- oder langfristig. Es ist fast so, als würde sie mich an die Treppenstufen, das Sofa, den Stuhl tackern wollen, damit ich ja nicht weggehe. Doch das Leben ist selbst für Katzen kein Strandspaziergang, und im Grunde nimmt sie schlussendlich die Tatsache meiner Abwesenheit eh ganz gelassen an. Weil sie weiß, dass ich immer wieder zurück komme. Und wenn es zu lange dauert, hat sie vorsichtshalber auch schon meine Nachbarn verzaubert, die ihr gesamtes Mitgefühl über sie ausschütten. Man braucht nicht nur für ein Kind ein Dorf, um es gut zu erziehen. Auch Katzen schätzen umfassende Fürsorge.

Insofern ist sie eine gute Lehrmeisterin für mich. Weil sie mich immer wieder an das Wesentliche erinnert. Essen zum Beispiel. Sie ist eine Gesellschaftsesserin, was bedeutet, dass sie es liebt, wenn ich ihren Rücken kraule, während sie schlabbert. Und manchmal fällt mir dabei ein, dass ich eventuell auch etwas für mich auf den Herd schieben könnte. Wenn das Leben so angefüllt ist mit den verschiedensten Aufgaben und Unternehmungen, vergisst man schon mal, dass der Magen leer ist. Es gibt schließlich Kaffee! Sie, die es nach drei Jahren immer noch nicht zu einem ultimativen Namen geschafft hat (zumindest für mich), erinnert mich daran, dass man von Kaffee vielleicht wach, aber bestimmt nicht fett wird.

Ein weiteres Vorbild ist sie mir beim Schlafen. Obwohl – siehe oben – sie da nicht ganz so konsequent ist. Lassen Sie es mich auf „ausruhen" umdeuten. In den vergangenen Tagen war ich dauernd unterwegs, über längere Strecken. Zuerst war meine berufliche Anwesenheit im Osten, dann meine private im Westen gefragt. Ausruhen war da nicht, zumal der Kopf auf Hochtouren gelaufen ist und das maximal dazu geführt hat, dass ich in einem Beisl so lange alles aus mir raus geschrieben habe, bis kein Stein mehr auf dem anderen lag. Und die Kellner sanft anfragten, ob ich vielleicht einen Roman über sie schreiben würde. Auch Zug- und Autofahrten sind wenig dazu geeignet, mich zu entspannen. Es soll ja Menschen geben, die das können. Die schlafen besonders gut, wenn sie anderen Reisenden im Abteil bei ihren Gesprächen zuhören. Die sich ein Hörbuch im Auto zu Gemüte führen und gar nicht merken, wie sich Myriaden von Fahrern gemütlich auf der Mittelspur einrichten. Beneidenswert, aber not my cup of tea. Ich brauche einen ganzen leer geräumten Tag, um wieder zu mir zu finden. Und zu verarbeiten, was ich in mir aufgenommen habe, ohne dass etwas Neues dazu kommt.

Mit einer Freundin habe ich mich heute über Empathie unterhalten. Sie tut sich schwer damit, etwas sparsamer mit ihrem Verständnis für andere umzugehen. Und leidet trotzdem darunter, weil sie die Erfahrung gemacht hat, dass daraus Schuldgefühle entstehen. In ihr. Das ist wieder so eine Perversion unserer Zeit. Wir versetzen uns in andere hinein, und wenn wir das besonders gut können, haben wir ja schließlich die Verpflichtung, andere gemäß unserer Erkenntnisse zu behandeln. Wenn man also nun besonders mitfühlend ist, kann es passieren, dass man andere wichtiger nimmt als sich selbst. Die Bedürfnisse anderer vor die eigenen reiht. Weil man es schon gar nicht mehr merkt und weiß, was man selbst will. Und die Relation völlig aus den Augen verliert. Beispiel: Wenn jemand so viele Baustellen in seinem Leben hat, dass er alle Hände voll damit zu tun hat, die zu beseitigen, ist es wohl sonnenklar, dass er keine Zeit für eine 30-Sekunden-Nachricht hat. Richtig? FALSCH! 30 Sekunden gehen immer, schließlich muss dieser Mensch auch die Schaufel aus der Hand legen, wenn er aufs Klo geht. Aber Empathen verstehen das, weil sie wissen und/oder fühlen, was diese Kämpfe bedeuten. Und fechten sie sie für sich selbst gerade nicht aus, so haben sie vollstes Verständnis dafür, dass sie zurücktreten müssen, bis das Gegenüber seine Agenden erledigt hat. Was schnell oder langsam passieren kann. Und mit dieser Abhängigkeit haben die Empathen das Nachsehen, obwohl sie dem Gegenüber etwas grundsätzlich

Gutes schenken. Ist das gerecht? Mitnichten.

Wenn ich auf der Couch sitze und mich beispielsweise einem kleinen, aber feinen Heulkrampf hingebe, springt die Katze auf meinen Schoß und wärmt mein Herz. Doch das dauert bei weitem nicht so lange, wie ich weine. Denn wenn die Mieze zwischendurch hungrig wird, lässt sie mich schniefend sitzen. Was lernen wir daraus? Sie gibt, was sie kann, doch wenn sie selbst etwas braucht, hat das Vorrang. Denn mit leerem Magen kann selbst die liebevollste Katze nicht schnurren. Manche Menschen sagen, dass Katzen Egoisten sind. Ich finde, sie sind Gurus.

Carpe Diem

Seit 78 Tagen arbeite ich mich durch den „Kurs in Wundern", und es ist eine Herausforderung. Stellt alles auf den Kopf, und der meine zermartert sich selbst über den einfachsten Mantras. Gestern nicht, da hieß es „Ich habe ein Anrecht auf Wunder." Hurra, dachte ich, doch dann entwickelte sich alles ganz anders.

Das letzte Wunder, das mir einfiel, hielt leider nicht, was es so hoffnungsvoll versprochen hatte. Da trifft man jemanden, der einem prophezeit wurde von zweifacher Stelle, und glaubt sich am Ende seiner Wünsche, von denen man gar nicht wusste, dass man sie hat. Weil die Realität wie die Faust aufs Auge der Vorhersage passt. Weil man nicht nur am Ende seiner Wünsche, sondern auch am Ende seines Zweifels, dass es doch noch Menschen mit Herzensbildung geben könnte, angelangt scheint. Weil es sich gut und richtig anfühlt. Und am Ende doch dasteht, innerlich und äußerlich völlig unterkühlt, krank und kopfschüttelnd, weil es

Umstände gibt, gegen die man einfach nichts machen kann. Oder will, weil man endlich alt genug ist, um zu begreifen, dass manche Menschen sich selbst aus dem Sumpf ziehen müssen.

Meine Begeisterung über ein Wunder, das mir also zustünde, hat sich ebenfalls relativ schnell abgekühlt und ist in eine kleine Depression geschlittert. Wenn es Herzschmerz wie der der letzten Wochen ist, der mir zusteht – nein danke! Doch weil ich ein sturer Stier bin, habe ich trotzdem bei jedem kleinen Grollanfall mit zusammen gebissenen Zähnen vor mich hin gemurmelt: „Ich habe ein Anrecht auf Wunder."

Recht überzeugt, dass das Universum eine eindeutige Botschaft von mir empfangen würde, war ich nicht. Es war ein Tag des Haderns, wie Sie sich vorstellen können. Und ich war froh, dass es irgendwann Zeit war, aus dem Haus zu gehen, um mich mit einer lieben Freundin zu treffen, die zu einem Workshop angereist war.

Wir haben gemeinsam eine zweijährige Schreibausbildung gemacht, viele Stunden redend, lachend und essend verbracht. Unsere Hoffnungen und Pläne geteilt, gegenseitig unsere Texte lektoriert und Anregungen angebracht, wo sie nötig und wichtig waren. Wie ich lebt sie durch die Sprache als Ausdrucksmittel ihres ganz persönlichen Ichs. Ich machte mir auf dem Weg zu ihr Gedanken, zu welchem Inder wir gehen könnten, um uns zu nähren, während sich unsere Leben für kurze, aber intensive Zeit verbinden würden. Als ich eintraf, war es kurz vor der vereinbarten Zeit, und ich vertrieb mir das Warten mit Rauchen. Eine Zigarette würde sich schon noch ausgehen, eine Mitteilung, dass ich da wäre, hatte ich ihr schon geschickt für den Zeitpunkt, wo der Workshop zu Ende sein würde. Ich beantwortete noch ein, zwei Nachrichten und setzte mich dann zu einem Cappuccino, weil mir kalt wurde. Inzwischen waren zwanzig Minuten verstrichen, und ich wunderte mich über meine sonst so pünktliche Freundin. Also rief ich an.

Ihr Mann hob ab und berichtete, dass seine Frau einen Schlaganfall erlitten hatte. Vor drei Tagen. Dass das Sprachzentrum betroffen wäre. Dass sie es fast nicht

geschafft hätte. Ich brachte das alles nicht mit dieser wunderbaren, aufgeräumten, gesundheitsbewussten Frau in Zusammenhang, auf die ich wartete. Noch immer, weil ich es einfach nicht glauben konnte, dass sie nicht kommen würde. Lange nicht. Ich ließ mir erzählen, wie alles abgelaufen war, was getan wurde und wie es ihren beiden Männern zuhause erging mit der Abwesenheit der Frau und Mutter. Ich kam nicht darüber hinweg, tue es immer noch nicht.
Irgendwann fuhr ich nach Hause, um zu lesen, dass an anderer Stelle ein naher Verwandter einer Freundin an Leukämie gestorben wäre. Ebenfalls an diesem Tag. Und ich begann wieder zu hadern, denn welche Art von Wunder soll denn das sein, wenn solche Dinge passieren? Doch dann ging der Knopf auf. Das Wunder, das dieser Tag zeigen wollte, war, dass wir Menschen in unserem Leben haben, denen wir unser Mitgefühl schenken und für die wir leben können, wenn sie es selbst nicht mehr oder gerade schwer können. Dass wir die Augen aufmachen und das wertschätzen können, ja müssen, was wir haben und sind.

Dass wir unsere Gedanken mit guter Energie aufladen sollen, um sie denen zu schicken, die es brauchen für die Kämpfe, die sie auszufechten haben. Später an diesem Tag treffe ich mich mit einer anderen Freundin. Wir wählen ein Lokal, dessen Name der letzten Zeile eines Horaz-Gedichtes gewidmet ist und nutzen den Rest dieses Tages für Lachen, Reden und Trinken. Ich hoffe, die gute Energie hat das Krankenbett meiner Freundin erreicht.

Das Schlechte am Gewissen

Schlechtes Gewissen – was ist das eigentlich? Kürzlich damit konfrontiert, denke ich immer noch darüber nach, woher das kommt. Und wohin es geht – also mit einem. Und ob man es zwischendurch nicht vielleicht doch ad acta legen sollte, weil es absolut gar nichts bringt.

Es gibt ja Situationen, die einem genau einmal im Leben passieren. Und bei dieser Premiere stehen die Chancen 50 zu 50, ob man sich richtig oder falsch verhält. Weil das Premieren eben so an sich haben, dass man sich nur ungenügend darauf vorbereiten kann. Also im Theater natürlich schon, sowohl als SchauspielerIn als auch als Besucher. Doch im Leben? Meist fällt einem ja erst im Nachhinein ein, dass man etwas gerade zum ersten Mal erlebt hat. Liebe auf den ersten Blick beispielsweise. Oder den Gewinn bei einem Preisausschreiben. Oder die Erfüllung einer Prophezeiung.

Ersteres ist mir nur einmal in meinem Leben passiert – die Folgen davon dauern immer noch an. Sollten Sie sich also gerade auf den ersten Blick verliebt haben, überlegen Sie es sich gut, ob Sie dem nachgeben oder nicht. Das kann nämlich bis zum Ende ihres Lebens dauern. Und das meine ich durchaus als Drohung! Denn was da zwischen zwei Menschen passiert, ist jenseits von Gut und Böse. Unerklärlich. Faszinierend. Magisch. Das muss man erst einmal verdauen über die Jahre. Oder Jahrzehnte.

Blöd ist das Ganze nur, wenn sich aus der Liebe auf den ersten Blick keine dauerhafte Beziehung entwickelt hat. Also so eine, bei der man Tisch und Bett teilt – tagtäglich. Sondern wenn man sich immer wieder dabei ertappt, an diesen Menschen zu denken, obwohl man neben jemand anderem liegt und isst. Das bringt das Seelenheil ganz schön durcheinander, von den Hormonen reden wir hier gar nicht. Und den Alltag sowieso, weil man an einem Ort ist, an den man gehört und doch wieder nicht. Da braucht es schon eine ganz besondere emotionale Stabilität, um dieses Hin und

Her auszubalancieren. Kann man es nicht und macht die Wünsche alle heiligen drei Zeiten wahr, klopft das schlechte Gewissen an. Doch warum eigentlich?
Weil man es nicht schafft, seinen gesteckten Zielen treu zu bleiben. Weil man merkt, dass man auch nur ein Mensch ist, der nicht ausschließlich auf dieser Welt ist, um seine Pflicht zu erfüllen. Weil man eine Verbindung zu einem anderen Menschen hat, der einen besonderen, einzigartigen Platz im Herzen hat. Da können andere nicht mit, so sehr man ihnen auch verpflichtet und versprochen ist. Damit umzugehen, ist schwer. Doch den Sinn im schlechten Gewissen sehe ich trotzdem nicht. Denn entweder vermeide ich eine Situation, von der ich glaube, dass sie mir schadet. Oder ich gehe bewusst damit um, genieße es und erkenne an, dass es eben nicht diesen EINEN Menschen gibt, der alle meine Bedürfnisse erfüllen kann. Manchmal sind es zwei, manchmal auch drei. Und wehe, Sie stecken mich jetzt in die unmoralische Schublade. Da gehöre ich nämlich gar nicht hin.

Kürzlich habe ich mir eine halbe Nacht beim Tanzen zu Tom Jones „Help Yourself" um die Ohren geschlagen. Und dort gibt es eine Zeile, die sagt: „My heart has love enough for two, more than enough for me and you." Und ich dachte mir, dass das auf mich zutrifft. Ich habe viele Menschen in meinem Leben, die ich liebe. Jede/n auf ihre/seine Art. Und ich habe absolut kein schlechtes Gewissen dabei, diese Liebe zu verstreuen. Das macht mich zwar zu einer Art Schmetterling, und manchmal gibt es auch den einen oder anderen Versuch, das Netz auszupacken. Doch ich lasse mich nicht fangen. Weil ich ganz alleine darüber entscheiden möchte, wem ich meine Liebe wann schenke. Und wann nicht.

Natürlich können Sie jetzt sagen, dass ich ja auch in der Position bin, das tun zu können, und dass es für Sie vielleicht schwerer ist, weil Sie in einer Beziehung sind. Dazu kann ich eines sagen: Auch in Beziehungen kann man Liebe versprühen, jeden Tag aufs Neue und ungeachtet der Tatsache, wie viele Jahrzehnte man auf dem Buckel hat. Es ist eine Entscheidung, loszulassen, was man angesammelt, dokumentiert und gegengerechnet hat. Es ist eine Entscheidung, im Gegenüber immer wieder den Menschen zu suchen, in den man sich verliebt hat. Es ist eine Entscheidung, die Liebe leben zu wollen. Ob beim Zähneputzen, im Urlaub oder beim Essen einer Gerstensuppe. Man hat immer die Wahl, im anderen das Beste zu sehen, was einem passieren konnte. Tun Sie's einfach! Dann hat auch das schlechte Gewissen keine Chance.

Status – In einer Beziehung

Ich bin seit neuestem in einer Beziehung. Nicht, dass ich das angestrebt hätte – ich habe das noch nicht einmal gemerkt. Und trotzdem finde ich es interessant, wie es dazu kommen konnte. Ein Erklärungsversuch.

Noch ziemlich lebhaft erinnere ich mich an den Beginn der Dating-Phase meiner Kinder. Zum einen stellte ich fest, dass sich Liebeskummer in Zeiten von Social Media und anderen technischen Finessen keinesfalls verändert hatte. Abgesehen davon, dass ich die Kids natürlich nur schwer leiden sehen konnte, hat es mich doch erleichtert, dass sich manche Dinge trotz allem nicht ändern. Andererseits konnte ich beobachten, dass es hauptsächlich die Mädchen waren, die bestimmten, ob man(n) in einer Beziehung ist. Ich fand das damals ziemlich eigenartig, denn in meiner Welt war das eine gemeinsame Entscheidung, die man aufgrund von übereinstimmender Vorlieben, ergänzender Eigenschaften oder einfach aus dem Bauch heraus traf.

Anscheinend hatte sich in Liebesdingen dann doch etwas geändert. Ich nahm das hin, denn abgesehen von meinem Kampfmutter-Dasein, allen den Weisel zu geben, die meine Kids verletzten, empfand ich damals nicht die Notwendigkeit, mich mit den veränderten Verhältnissen zu befassen. Doch mit der Trennung von meinem jetzigen Ex gewann das Thema wieder an Bedeutung – in meinem eigenen Leben. Und aus der heutigen Sicht möchte ich hinterher rufen: „Musste das sein?"

Ich war ja nie eine Freundin des Online-Datings, denn ich habe es gerne, wenn ich weiß, was ich kriege. Also nicht, dass es eine g'mahte Wiese wäre, jemanden in natura kennenzulernen. Doch von Angesicht zu Angesicht lassen sich für mich wichtige Dinge doch recht schnell erfassen. Beispielsweise der Geruch – ob ein Mann nach Schweiß oder Sandelholz riecht, macht für mich doch einen Unterschied aus. Auch ob er warme oder kalte Hände hat. Oder wie er mich ansieht. Webcams decken letzteres nämlich nur unzureichend ab, habe ich erfahren. Eine Freundin hat sich jetzt für mehrere hundert Euro bei einer Dating-Plattform angemeldet, „weil ich mir ja sonst nichts gönne." Nicht dass ich es ihr gesagt hätte, aber mit dieser Summe fahre ich lieber in die Sonne.

Oder vielleicht doch nicht? Denn genau dort hat sich mein jetziger „Beziehungsstatus" ergeben. Wo genau ich da von meinem freiheitsliebenden Weg abgebogen bin, kann ich nicht genau sagen. Möglicherweise eine Abzweigung zu spät. Vor lauter Übermut und Vitamin D kann man schon mal etwas übersehen. Doch nichts, wo man nicht innehalten, nachdenken und anders entscheiden könnte. Das habe ich getan – zumindest in meiner Welt. Aber da ich ja bekanntlich in einer Pippi Langstrumpf-Welt lebe, scheint diese Botschaft nicht ganz angekommen zu sein. Also hat mir ein Mann vor einigen Tagen mitgeteilt, dass er eine Beziehung zu mir hat. Und aus der Verwunderung heraus entstand dann bald der Umkehrschluss, dass ich ja dann praktisch auch in einer Beziehung zu ihm sein müsste. Bloß: Das habe ich nicht gemerkt. Nette Gespräche und Begegnungen innerhalb von wenigen Wochen reichen für mich nämlich noch lange nicht. Vielleicht weil ich von einer Beziehung bestimmte Vorstellungen habe. Verlässlichkeit, Anteilnahme, Offenheit zum Beispiel. Mit sich im Reinen sein, wäre auch eine hübsche Eigenschaft, die mir an einem Mann gefällt. Dass er weiß, was er will – nicht nur von mir, sondern vom Leben im allgemeinen. Spiritualität würde mir gefallen, aber eine die fließt und nicht erstarrt ob eines Schwarz-Weiß-Schemas. Und wenn ich das alles so vor mir ausbreite während des Schreibens, stelle ich fest, dass ich meinen Kindern etwas vorleben sollte. Nämlich nicht zu akzeptieren, wenn jemand anderer beschließt, eine Beziehung zu haben, sondern für sich selbst zu entscheiden, mit wem man sich verbinden möchte. Und das so lange namenlos zu lassen, bis das Herz „ja" sagt – und zwar auf beiden Seiten. Von allem anderen bekomme ich Zustände. Und keine guten, wie meine Psychohygienikerin stets zu sagen pflegt.

In der Einschicht

Wer von uns hätte nicht gerne einen Wunschbaum, am liebsten im Garten stehen? Ein Nussbaum eignet sich besonders, habe ich kürzlich erfahren, der einfach zum Wunschbaum erklärt wurde. Der Versuchung, an dieser Stelle das Universum konzentriert ansprechen zu können, konnte ich unmöglich widerstehen.

Ein idyllischer Bauernhof mitten in der bayrischen Einschicht. Viel Recyling-Kunst, entspannte junge Menschen, die sich dorthin zurückgezogen und einen kleinen Seminarbetrieb aufgezogen haben, weil man dort nicht viel anderes machen kann, um sein Leben zu finanzieren. Und die Lage war genau dafür wirklich perfekt, weil nicht einmal Autos von irgendwas ablenken konnten. Die kamen nämlich nur sehr sporadisch vorbei und stellten damit schon wieder eine kleine Sensation für das Gänsepaar dar, das sich durch die Margeriten-Inseln pflügte.

Ich hatte mich angeboten, meinen Ex dort abzuholen und die

Fahrt mit kleinen Abstechern zu Sehenswürdigkeiten am Wegesrand zu verbinden. Warum immer über das Mittelmeer schielen, wenn die Seen wie Perlen auf der Strecke liegen? Hat für mich gepasst, und ich konnte all das tun, was mich nährt: spazieren gehen, essen, fotografieren, aufs Wasser schauen. Ich kam also ganz entspannt auf diesem Seminarbauernhof an. Und während mein Ex noch seine Siebensachen zusammensuchte, schlenderte ich über das Gelände. Vorbei an weißen Blütenteppichen von uralten Hortensien und einem Kräuterhügel, warf einen Blick in den atmosphärischen Yoga-Raum und setzte mich auf einen alten, aufs Minimum reduzierten Holzstuhl. Und während ich mir die Sonne ins Gesicht scheinen ließ, fiel mein Blick auf einen Wegweiser zum Wunschbaum. Wärme oder Wunscherfüllung? Sie können sich vorstellen, was meine Neugierde mehr geweckt hat.

Das Holzschild wies zu einem knorrigen Walnussbaum, an dem eine Schaukel hin und her wehte, weil ein Gewitter im Anmarsch war. Jemand hatte eine Kette an einen Ast gehängt. Ich fuhr mit der Hand der Rinde entlang und überlegte mir, was ich mir wünschen könnte. Zuerst fiel mir nichts ein, doch ich dachte mir, dass sich das bestimmt noch ändern würde. Ich befummelte weiter den Baum, schaute mir das Laubdach von unten an und freute mich an den Sonnenstrahlen, die ihren Weg durch die Blätter fanden. Irgendwann war kein Zentimeter Borke mehr unberührt, und ich stand immer noch da und suchte nach Wünschen.

Dass mein Reizhusten vielleicht endlich ein Ende finden möge. Doch ein wenig ist noch in meiner Ingwersaft-Flasche und bevor die fertig ist, hat er sich bestimmt verabschiedet. Zur Not könnte ich – wie von meinen Vater angeregt – noch ein paar Antibiotika nachschießen, doch das entscheide ich dann. Zyniker würden jetzt sagen, dass das Rauchen vielleicht auch nicht gerade zuträglich ist, aber ich bin ja nach wie vor der Meinung, dass mir gut tut. Doch das ist ein anderes Thema.

Ich könnte mir eventuell eine Aufstockung meiner Tage von 24 auf 36 Stunden wünschen, damit ich alles unterbringen kann, was ansteht. Andererseits: Dann müsste ich auch um eine Verstärkung meiner Lebensenergie ansuchen, denn ob die für 36 Stunden täglich reicht, weiß ich nicht. Doch, weiß ich schon. Sie würde reichen. Doch ich habe die Hoffnung ja immer noch nicht aufgegeben, dass ich nur das für mich passende Zeitmanagement-System finden muss – dann klappt es auch mit den 24 Stunden.

Vielleicht auch, was sich viele alleinstehende Frauen meines Alters wünschen: einen Mann. Wäre er der Schlüssel zu meinen Zeitmanagement, schon alleine deshalb, weil er mir das eine oder andere abnehmen würde? Oder zu meinem Reizhusten, weil er mir seine Hände auflegen und irgendwelche Zauberformeln murmeln würde, um mich von der Plage zu befreien? Antwort 1: Eventuell, aber ich zweifle. Antwort 2: Eventuell, aber ich zweifle erst recht. Abgesehen davon bin ich ja der Meinung, dass Bedürftigkeit ein ganz schlechter Motivator für die Partnersuche ist. Und PartnerSUCHE allgemein ja sowieso.

„Und, hast Du was gefunden, was Du Dir wünschen

kannst?" hörte ich meinen Ex von hinten rufen. Ich verneinte aus vollem Herzen, weil ich plötzlich merkte, dass ich tatsächlich und wirklich wunschlos glücklich bin. Solche Einsichten kommen einem wirklich nur in der Einschicht, denn dort, wo es laut, bunt und lebendig ist, tauchen stets Sachen und Dinge aus, die die Ruhe für das Wesentliche rauben. Sie haben auch ihre Berechtigung, doch das andere ist mindestens gleich wichtig. Gönnen Sie sich hin und wieder eine Portion Einschicht – die Einsicht wird grandios sein.

Im Team mit Franziskus

Das Schöne am Älterwerden ist ja, dass man sich daran gewöhnt hat, sich selbst zu überraschen. Das mag jetzt ein Widerspruch sein, allerdings nicht in meiner Welt. Schließlich gehe ich ja auch davon aus, dass nur eines berechenbar ist: die Unberechenbarkeit.

Wenn das Jahr fortschreitet und auf Weihnachten zugeht, stocke ich meinen Vorrat an Taschentüchern schon einmal auf. Denn es stehen die Brieferln an meine Lieben an, bei denen kein Auge trocken bleibt – zumindest bei mir. Noch ist es heuer nicht so weit, aber der Tag kommt bestimmt. Oder vielleicht nicht? Möglicherweise bleibe ich heuer trocken und lache dabei – wer weiß das schon. Nur weil es die vergangenen Jahrzehnte so war, muss das ja nicht immer so bleiben.

Ich halte mich für einen beständigen Menschen, der es sich gut überlegt, bevor er Bestände schafft. Doch ist die Entscheidung gefallen, kann die Transsibirische Eisenbahn drüber fahren. Die es so eigentlich nicht gibt, aber das ist eine andere Geschichte. Auf jeden Fall: Immer häufiger bemerke ich an mir, dass ich Bestände aufgebe. Ich miste seit kurzem unglaublich gerne aus. Und nein, ich habe den Bestseller von der japanischen Aufräumberühmtheit Marie Condo nicht gelesen – mir geht das Zuviel einfach nur so auf die Nerven. Das betrifft auch die emotionalen Angelegenheiten. Wer mich zu viel Kraft kostet, ständig in Beschwere-Tiraden über sein unlösbares Dasein versinkt oder einfach nur über andere herzieht, bekommt ein Minimum an Aufmerksamkeit. Wenn ich Energie habe. Zeit habe ich sowieso kaum. Für nix, manchmal nicht einmal fürs Meditieren. Das ist vielleicht ein Fehler, aber ich arbeite daran.

Sie merken, ich versuche, mein Leben zu vereinfachen. Damit mehr Luft darin ist, mehr Raum für die wirklich wichtigen Dinge. Oft merke ich allerdings, dass der Rest der Menschheit und ich eine völlig andere Auffassung von diesen wirklich wichtigen Dingen haben. Und ich fühle mich dann wie ein Alien, der aus der Zeit gefallen ist. Oder mit dem Raumschiff abgesetzt wurde, um im Bild zu bleiben. Dabei möchte ich nichts lieber, als mich mit jedem Wesen auf diesem Planeten verbunden zu fühlen. Na ja, von Ruhramöben vielleicht einmal abgesehen. Und Malariamücken.

Gar nicht drauf gefasst, dass ich so jemandem begegnen könnte, saß ich kürzlich im Kino und schaute mir den neuen Film über Papst Franziskus an. Und fand mich unerwarteterweise ziemlich schnell beim geräuschvollen Schnüffeln. Denn was der Pontifex da so von sich gab, entsprach genau dem, wie ich in einfacher Art und Weise auf die Welt schaue. Dass man das Zuhören nicht verlernen dürfe zum Beispiel. Nicht umsonst haben wir Menschen zwei Ohren und nur einen Mund. Von Stephen R. Covey stammt das Zitat, dass heutzutage die Menschen nicht zuhören, um zu verstehen, sondern um zu antworten.

Oder dass Zärtlichkeit keine Schwäche, sondern eine Stärke ist. Oder dass man die Wahl hat, zu lieben. Oder dass die

Armen dieser Welt die Leidtragenden unserer Wegwerfkultur sind. Und während ich die Bilder von unendlichen Müllweiten gesehen habe, sind mir die Tränen über die Wangen gelaufen. Selbstverständlich hatte ich kein Taschentuch bei der Hand, mein Schal musste einspringen bei dieser überraschenden Entwicklung. Mich im Kinodunkel so gerührt zu erleben, kam unerwartet. Und doch hat es mir gezeigt, dass ich mit meiner, manchmal naiven Sicht doch nicht alleine bin – egal, wem ich tagtäglich über den Weg laufe.

Ich war ins Kino gegangen, weil ich mir weitere Erkenntnisse über Papst Franziskus erwartet hatte. Dass sie mich aber innerhalb kürzester Zeit zum Weinen bringen würden, war nicht vorgesehen. Dass letzte Mal, als mir das passiert ist, saß ich in London im Musical „Miss Saigon". Es war meine zweite Vorstellung, und ich wusste schon, was mich erwarten würde. Und weinte bereits vor dem ersten Ton. Weil sich Chris gegen die Liebe zu Kim entscheiden, weil Kim sich deshalb umbringen würde. Und auch wenn ich im realen Leben weiß, dass man sich gegen die Liebe entscheiden kann, ist mir klar geworden: Papst Franziskus und ich sind im gleichen Team. Es könnte Schlimmeres passieren.

Die Schleier sind gefallen

Manchmal muss man aus der Komfortzone raus – in jedem Alter und immer dann, wenn es sich verlockend anfühlt. Man muss innerlich gar keine Hurra-Tiraden anstimmen oder mit sich selbst einen langfristigen Vertrag abschließen. Aber locken sollte es schon.

Seit über drei Jahren gehe ich zum Bauchtanzen. Eine Freundin von mir reiht mich seitdem in eine Gruppe mit denjenigen, die in der Lebensmitte beschließen, einen Töpferkurs zu belegen. Ist nix falsches daran, aber meine Freundin verbindet Bauchtanz und Töpfern irgendwie mit existenziellen Krisen. Aus denen man ohne Ton und Tanz nicht rauskommen kann/will. Wie auch immer: Sie ist der Riverdance-Typ, ich der orientalische. Aber damit erzähle ich Ihnen als regelmäßiger/m Leser/in ja nicht wirklich etwas Neues.

Ich hatte es nach einer langen Reise begonnen, an deren letzter Station – auf der Insel Djerba – ich eine Aufführung erleben durfte. Und um meiner Freundin ein bisschen Recht zu geben: Meine damalige Krise war eine mittelschwere, vor allem was meine Identität anging. Nicht dass Sie jetzt meinen, ich hätte an so etwas wie eine Geschlechtsumwandlung gedacht, aber ich war mir völlig unklar darüber, was denn eine Frau in meinem Alter ausmacht. Diese Bauchtänzerin war zwar um Jahrzehnte jünger als ich, doch sie machte mir klar, dass sie sich mochte, ja liebte und schön fand. Auf einer vorherigen Station derselben Reise hatte ich gehört, dass traditionell Frauen eigentlich nur für ihren Mann tanzen. Und auch wenn ich damals noch nicht soweit war, dem etwas abgewinnen zu können, fiel mir das bei den fließenden Bewegungen dieser Tänzerin wieder ein.

Nun, Fakt war allerdings, dass ich keinen Mann hatte, für den ich tanzen konnte. Doch wie meine Tochter mir so schön vorgerechnet hat: „Wenn ich in drei Jahren ein Kind haben will, dann muss ich doch jetzt schon anfangen, mich um einen Mann umzuschauen. Sonst geht sich das zeitlich einfach nicht aus." Ich habe es immer geliebt, von meinen Kindern zu lernen. In diesem Sinne suchte ich mir nach meiner Rückkehr ein Studio, das orientalischen Tanz anbietet. Bauchtanz ist eher dem Volksmund entsprungen, begründet sich auf der französischen Bezeichnung von „danse du ventre", weil der Bauch eben ein wesentlicher Teil dieses Tanzes ist. Egal. Ich bekam eine Schnupperstunde, und schnuppere jetzt eben seit über drei Jahren. Weil es schön ist, gut tut und Spaß macht.

Das Studio ist ein wunderbarer Ort, denn neben Tanzen kann man in den Pausen durch die diversesten Kostüme stöbern. Alle prachtvoll, alle sexy, alle verlockend. Doch ich habe es beim Stöbern belassen, denn was ich an richtigen Tänzerinnen sah, konnte ich bei weitem nicht leisten. Ich hatte mir in meiner Welt so ein Kostüm einfach noch nicht verdient. Der Bauch wackelte zu wenig, die Schritte saßen nicht perfekt, von den Armen will ich gar nicht erst anfangen. Mich in ein funkelndes Kostüm zu hüllen, war also ungefähr so wahrscheinlich wie dass ich die Max Planck-Medaille verliehen bekomme.

Und dann kam von meiner Lehrerin ganz unschuldig und wie nebenbei, ob ich bei einem Auftritt nicht mittanzen wolle. Ich könne es. Mein innerer Zensor antwortete umgehend mit einem „NEIN", doch ich ließ mir mit der Antwort Zeit. Denn schon oft hatte ich die Erfahrung gemacht, dass einem andere oft mehr zutrauen als man sich selbst, und dass gerade darin wirkliche Chancen liegen. Zuerst argumentierte ich, dass es kein Kostüm in meiner Größe geben würde – hat nur sehr kurzfristig gewirkt, bis ein karibikblaues und ein bronzefarbenes vor mir hingen. Beide passten perfekt. Auch ein duftiger Schleier fand sich, denn was wir aufführen wollten, war ein Schleiertanz. Das Argument fiel wie derselbige am Ende der Choreographie. Ich hatte noch nie in einem Kostüm getanzt und wollte das zuhause probieren. Vielleicht würde ich so die Möglichkeit bekommen, aus irgendwelchem Grund abzusagen. Zu schwer, zu unbequem, zu nackt. Leider fühlte ich mich wohl in diesem Teil, das aus mir eine kleine orientalische Prinzessin in Bronze machte. Doch zugesagt habe ich trotzdem nicht. Ich ging zu den Proben, tanzte dort im Kostüm und plötzlich war der Tag der Aufführung da. Und ich stand auf der Bühne. Mitten auf der Straße. Vor lauter fremden Menschen.

Gerate ich in Krisensituationen, schalte ich in einen Automatenmodus. Das bedeutet, ich denke nicht mehr, sondern tue einfach, was zu tun ist. So ging es mir auch bei diesem Auftritt. Ich hatte nicht entschieden, und trotzdem tanzte ich. Weil ich vorgesehen war. Die Technik stürzte dreimal ab, und dreimal mussten wir drei von vorne anfangen. Das gab mir die Möglichkeit, mich an das alles zu gewöhnen. An das Angestarrtwerden zum Beispiel. An meinen nackten Bauch. An das Tanzen ohne Brille, die beim Verschleiern nur gestört hätte. Beim vierten Mal klappte es. Und da fühlte ich mich barfuß, mittelblind und halbnackt auf dieser Bühne schon richtig wohl. Zwei Freundinnen waren meine Wing Women, und sie erzählten mir später von glasigen Männeraugen während unseres Auftritts.

Inzwischen weiß ich, warum Bauchtanz diese Wirkung hat. Laut Wikipedia gilt der orientalische Tanz als Ursprung des Striptease. Nun, bei uns sind – wie gesagt – nur die Schleier gefallen.

Bei mir persönlich noch mehr. Also nicht auf der Straße, aber danach. Der Stein der Erleichterung zum Beispiel, dass ich mich beim Ausflug aus meiner Komfortzone hinaus nicht blamiert habe – im Gegenteil. Dass ich mir schlussendlich die Choreographie doch noch merken konnte. Dass ich wohlmeinenden Menschen wie meiner Lehrerin durchaus glauben darf, wenn sie mir etwas zutraut. Am Samstag tanze ich wieder bei einem Fest, und es wird mir ein Fest sein.

Denn zum Feiern ist man schließlich immer jung und Frau genug.

Zu viel für diese Welt

„Du bist einfach too much", höre ich kürzlich. Seitdem überlege ich, was denn an mir „zu viel" sein könnte. Die 1,62 Meter können es nicht sein, und nur eine Heugabel könnte das daran hängende Gewicht als querschlank bezeichnen. Und weil Gehen auch die Gedanken in Bewegung versetzt, entschließe ich mich zu einem Spaziergang.

Arbeite ich mich an mir von außen nach innen oder umgekehrt ab? „Don't be so hard on yourself" höre ich aus meinen Kopfhörern, strecke mein Kreuz durch und schüttle meinen Kopf. „Too long" könnten meine Haare sein, wenn es nach meiner Mutter und meinem Friseur geht. Obwohl sich der immer schwer tut, sie zu schneiden, weil er inzwischen zu schätzen weiß, dass ich mit meinen weißen Strähnen eine wandelnde Litfass-Säule für ihn bin. Ich erzähle nämlich immer, dass er dafür verantwortlich ist, auch wenn der Vorgang ein ausschließlich natürlicher ist. Na ja, das Leben hat vielleicht nachgeholfen, aber auch das ist natürlich, oder? Immer wieder erfahre ich positive Rückmeldungen auf meinen Kopfbewuchs. Was könnte daran also „too" sein?

Ich schaue meinem Schatten zu, wie er zu Jess Glynne durch die Kastanienallee schaukelt. Vielleicht ist mein Hüftschwung „too"? Vor einem Jahr habe ich gehört, dass mein Gang nicht normal ist, und das von einem Mediziner. Er verdächtigte mich der Faulheit, weil seiner Erfahrung nach nur Menschen, die keine Hüftmuskulatur hätten, das Becken so rumschunkeln. Und forderte mich auf, meine Hüfte zu heben. Ich fragte: „Wie hätten Sie es denn gerne, nach vorne oder nach hinten?", was seine Augenbrauen in die Höhe schießen ließ. Das Bauchtanzen hat eben seine Spuren hinterlassen, und ich verstehe schon, dass diese Art der Körperbetätigung nicht ganz Standard ist. Wenn allerdings ein steifes Becken Standard ist, dass bin ich gerne „too". Doch das alleine?

Der Wind weht mir meinen Wickelrock auf die Seite. Ein ergrauter, vorbei fahrender Radler verdreht den Kopf deswegen. „In Deinem Alter noch nie ein Frauenbein gesehen?", denke ich mir und streiche den rosaroten Stoff zurecht. Dabei fällt mir meine Kusine ein, die sich heute noch bei der Erinnerung windet, dass ich sie einmal mit rosaroten Söckchen von der Schule abgeholt habe. Sie findet meinen Kleidungsstil – sagen wir es mal freundlich – bemerkenswert, doch sie ist eben halb so jung wie ich. Rechnerisch nicht ganz, aber fast. Wie auch immer. Kürzlich war ich bei einem Vortrag über Angst und Globalisierung. Der Grundtenor gehörte den „Flüchtlingen", doch die Referentin drückte etwas aus, was wahrhaftig war. Sie meinte, dass internationale Ketten, die mit Essen oder Bekleidung handeln, mehr zum Verlust der eigenen Kultur beitragen als Menschen, die mit einer anderen Religion zu uns kämen. Weshalb also sollte ich mich anziehen wie alle anderen, egal woher sie kommen? Wenn es schon „too much" ist, dass ich nicht in beige, nicht mit einem Kettchenanhänger in der Supraclaviculargrube am unteren Ende meines Halses und nicht mit Gesundheitsschuhe durch die Gegend hatsche, dann soll es so sein.

„Let's go back to simplicity" höre ich und lande somit bei der für meine Begriffe absolut einfach gestrickten Gedankenwelt. Nicht wenige würden jetzt darüber herzhaft lachen, doch ich finde mich ohne Scherz ziemlich simpel. Ich mag Menschen, die denken UND fühlen können. Ich glaube an Eigenverantwortlichkeit. Ich schenke Vertrauen, bevor es gerechtfertigt wurde. Ich bin überzeugt, dass diese Welt mehr Freundlichkeit und Liebe vertragen kann. Und trage mein Möglichstes dazu bei. Und da höre ich meine Freundin schon murmeln, dass ich der Sache näher komme, die sie mit „too much" gemeint hat. Sie sagt immer, dass ich intellektuell sei. Nicht dass ich dazu nicht eine diametral entgegengesetzte Meinung hätte, doch ist man das schon, wenn man sich entschließt, für seinen Körper zu essen und nicht nur für den Gaumen? Lieber tanzt als fernsieht? Mehr zuhören mag als reden?

Meine Mutter sagt, dass ich gut darin bin, rasche Entscheidungen zu treffen. Sie sieht mich nur selten, wenn ich Gruben in meinen Wohnzimmerboden schleife, weil ich etwas nicht loslassen kann. Der Boden würde in solchen Situationen bestimmt auch gerne „too much" schreien, und irgendwann, knapp vor dem Durchbruch in den Keller, erhöre ich ihn dann auch. Wenn allerdings mein Bauch klare Botschaften absendet und das Gefühl stimmt, kann ich richtig schnell sein. Ist diese Geschwindigkeit vielleicht „too much" für manche Menschen, die mit mir zu tun haben? Eventuell. Doch das ist nicht mein Problem. Und deshalb werde ich weiterhin versuchen, die beste Version von mir selbst zu sein, die möglich ist. Wem das „too much" ist, soll es lassen. „I learned to wave goodbye, how not to see my life through someone else's eyes", singt Jess Glynne, und entspannt öffne ich mein Hoftor.

DANKE

Meinen wunderbaren Freundinnen und Freunden, die eine permanente Inspiration für die Auseinandersetzung mit dem ganz alltäglichen Wahnsinn sind

Meinen Eltern, die immer gefördert haben, was sie und Sie nun in Händen halten

Ursache/Wirkung für die Chance, über einen so langen Zeitraum Menschen mit meinen Texten erreichen zu können und speziell Verena Pichler für die unermüdliche Rückmeldung und Ermutigung

Allen Leserinnen und Lesern meines Blogs FREITAG, die sich Woche für Woche anregen lassen.